YAMAKAWA LECTURES
9

フランソワ＝ジョゼフ・ルッジウ

都市・身分・新世界

もくじ

VILLES, ORDRES, LE NOUVEAU MONDE

par FRANÇOIS-JOSEPH RUGGIU

TABLE DES MATIÈRES

近世ヨーロッパの政治空間

都市・身分・新世界

高澤紀恵
竹下和亮

フランソワ゠ジョゼフ・ルッジウと「方法としての比較」

本シリーズは、日本に招聘された著名な歴史家のレクチャーを懇切な解題とともに刊行してきた。しかし本書『都市・身分・新世界』は、フランスの歴史家フランソワ゠ジョゼフ・ルッジウの二本の論考を新たに訳出して編まれている。氏が、来日していないからではない。逆である。F゠J・ルッジウは、私たちの知る限り四回来日している。彼と日本の歴史家との出会いは二〇〇六年に遡り、〇八年には初訪日が実現した。この年の三月、日本近世史の吉田伸之を中心とした都市史研究センターの招聘で「十八世紀フランスの都市エリートの居住戦略」について東京で報告している。[1] 次いで二〇一〇年にはギヨーム・カレら四人のフランスの歴史家とともに再来日し、長野県飯田市で開催されたシンポジウム「伝統都市の比較史」に参加した。このときの彼は、飯田の姉妹都市であるシャルルヴィルを対象とした大規模な史料調査の成果を紹介し、日本近世史との熱心な対話者となった。[2] 二〇一三年秋にはソルボンヌで開かれた日仏研究集会のホストとなり、『アナール』誌の特集号「近世日本の身分」に対して深くかつ鋭いコメントをおこなっている。[3] これら氏の報告はすでに翻訳・発表されており、私たち編者がその多くを担ってきた。[4] では、今なぜ新たな論考を訳出し本書を編むことにしたのだろうか。それは、既発表の論考にこの二本を加えることで、F＝J・ルッジウという歴史家の方法的特徴が、ひいてはフランスの近世史家が取り組んでいる関心領域とその成果が鮮明にみえてくる、と考えたからである。

著者F＝J・ルッジウの専門は、狭義には十七・十八世紀の英仏都市史である。氏は現在、母校のパリ第四大学(ソルボンヌ)の教授として後進を育て、フランス国立科学センター(CNRS)で重責を担っている。フランス歴史学界で主導的な役割を果たす歴史家の一人である。その彼が、この一〇年のあいだ、日本の歴史学の、とりわけ日本近世史研究のよき理解者、対話者でありつづけたということは、何を意味するのであろうか。圧倒的な史料調査に基づく日本近世史の達成が、彼を知的に刺激したことは、私たちの研究交流が継続した重要な要因であろう。しかし同時に、F＝J・ルッジウが「比較という方法」を自覚的に用いてきた歴史家であったことを、看過すべきではないと思う。この点を少し考えてみたい。

F＝J・ルッジウは、一九九五年に博士論文『十七〜十八世紀フランスとイギリスの中規模都市とエリート』をパリ第四大学に提出している[5]。これは、ほぼ同規模のフランスの二都市（アブヴィルとアランソン）とイギリスの二都市（カンタベリー、チェスター）を対象に、四都市におけるエリートの社会的結合の変化やミクロな実践、そして社会的上昇のありようを緻密に描き出した研究であった。この論文は、一つの都市を掘り下げるモノグラフでも、一つの国家を総体として論じる研究でもなく、その中間に位置する空間を研究領域として設定をした点に、まずそのユニークさがあった。しかし何より、地域の中核という性格と人口数の点で類似した四つの都市を英仏海峡の両岸で選び比較することで、近世英仏都市像に再検討を迫ったところに、この研究の独自性はある。彼の指導教官ジャン・ピエール・プソは、こうしたF＝J・ルッジウの仕事を「比較社会史」と呼ぶ。

どれほど距離的に近く多くの文化的資源を共有していても、英仏海峡の両岸では言語も法体系も異なり、歴史研究の伝統も異なる。それゆえF＝J・ルッジウのように、英仏四都市について堅固な史料調査をおこない、かつ英語圏、仏語圏で蓄積されてきた研究史を十分に咀嚼することは、決して容易なことではない。それゆえか、英仏双方の歴史に通じた研究者はフランスにおいても多くはない。F＝J・ルッジウのように比較という方法を自覚的に用いる研究者は、さらに少ない。では、氏はどうしてこうした方法をあえてとったのであろうか。それは、国民国家を単位として編成された研究視角を相対化させ、四つの都市が経験した変化に同時代性を見出し、かつそれぞれの社会の特質を析出するためであったように思う。「比較という方法」を操作的・自覚的に選択することで、英仏海峡の両岸で同時性と差異が再発見されるのである。

彼のこうした方法は、その後、さまざまな地域の歴史とそこで育まれた歴史学へと柔軟に広げられていく。二〇〇八年の初来日以来、F＝J・ルッジウがつねに日本の近世史研究者とのよき対話者であり、私たちのよき共同研究者であるのは、彼が「方法としての比較」の有効性を知る歴史家であったからであろう。

政治空間としての都市――英仏海峡を越えて

では、F＝J・ルッジウの方法は、具体的にどのような成果を生み出してきたのだろうか。まず彼のフィールドである都市史に即して考えてみよう。ヨーロッパ都市史に関しては、本シリーズの一冊として上梓されたマルク・ボーネの『中世ヨーロッパの都市と国家[6]』が、優れたサーヴェイとなっている。都市史の展開を広い視野から論じた名レクチャーといえる。ただし、フランスの研究史からみると、補足すべき点があるように思う。それは、フランス革命前のフランス社会(アンシアン・レジーム社会)を階級社会ととらえるか、あるいは身分制社会ととらえるかをめぐる大論争と都市史との関係についてである。この関係は、その後の都市史の展開とF＝J・ルッジウの歴史学を理解するうえで重要なヒントを提供すると思われるので、少し詳しくみてみよう。

一九四八年にソ連の歴史家ボリス・ポルシュネフが『一六二三年から一六四八年におけるフランスの民衆蜂起』(独訳一九五四年、仏訳六三年)を発表した。マルクス主義の立場から貴族階級に対する階級闘争として民衆蜂起をとらえたこの研究に、一九五八年、ソルボンヌのロラン・ムーニエが反発したことが、論争の発端となった。さらにこの議論は、数量的歴史学の確立に貢献したエルネスト・ラブルースとの論争へと飛び火し、一九六〇年代末までフランスの歴史学に大きな影響を与えつづけたのである。ムーニエは、これらの論争をとおして、伝統的な制度史から踏み出し社会構造を総体としてとらえる必要を認識するのであるが、問題はその捉え方である。のちに「経済史の父」とも呼ばれるラブルースとそのグループが、経済基盤を重視し、社会＝職業的地位を指標に社会集団を分析したのに対し、ムーニエは革命前の社会を階級社会としてではなく身分制社会ととらえた。つまり、「身分的な階層制においては、さまざまな社会集団は、原則として、成員の財産や消費能力によってではなく、また物的材の生産における役割によってではなく、当該社会においてその集団がはたす社会的機能と結びついた社会的評価、名誉、品位に基づいて階層化されている」というのである[7]。ムーニエのグループは、社会集団を分かつ指標を、社会的・集団的評価においたのである。

革命前の社会が階層化されていることについては両者は一致していても、何によってこの階梯がつくられていたのかについては、論争が一致点を見出すことはなかった。ダニエル・ロッシュの言葉を借りれば「ある社会の構造を理解するためには、どのようなカテゴリーがもっとも適当か[8]」が問題となった。それぞれの政治的立場の違いも重なり、不毛な非難の応酬が続いた。この袋小路から脱出する道として一九七〇年代に浮上してきたのが、都市史である。一九七〇年には、『アナール』誌が「歴史と都市化」の特集号をはじめて組み、七五年にはジャン・クロード・ペローの記念碑的な研究『近代都市の成立 十八世紀カン』があらわれる。[9]ペローは一九六八年にすでに、あらゆる身分とあらゆる階層の人びとが集まる特権的な場として都市を規定した。だからこそ都市に視点をすえ、社会構造にかわって社会関係の分析を、また社会関係を顕わにする出来事の分析を提唱していたのである。[10]フランスの都市史は、行き詰まった社会構成史のかわりとして、ある種、議論をずらすかたちで発進したのである。ベルナール・ルプティが、フランスの都市史を「遅れてきた学問」と呼ぶのは、[11]こうした事情による。

これ以後、利用可能な史料の圧倒的多さも手伝い、一つの都市、あるいは都市内の特定区域をフィールドとした研究が「新しい歴史学」の一翼として続々と生み出された。一九八五年には、ジョルジュ・デュビィの監修のもとに『都市のフランス史』全五巻が出版されるまでに研究は蓄積された。ただし、フランスにおいて都市史学会が生まれ、都市史の専門誌『都市史研究』の発刊をみるのは、ようやく一九九八年のことである。フランス都市史学会の名誉会員には、これまで名前をあげてきたロッシュやペロー、またベルナール・シュヴァリエ、ジャック・ルゴフ、モーリス・アギュロンといった錚々たる歴史家が名前を連ねている。とはいえ、この学会を立ち上げ実務を担ったのは、彼らの下の世代であった。編集委員会に加わったF＝J・ルッジウは、まさにその中心人物の一人である。

では、F＝J・ルッジウらの世代の都市史には、どのような特徴がみられるのであろうか。彼の論文「近世ヨーロッパにおける工業化以前の都市――イギリスとフランスの事例から考える」を繙いてみよう。F＝J・ルッジウによれば、一九八〇年代から九〇年代にかけて近世都市のイメージは、王権への従属や貧民の増加といったかつての否定的イメージから肯定的なものに変わったという。しかし、二〇〇〇年代にはいると近世都市についての共通のイメージはむしろ描き出しづらくなったとのことである。その理由は二つある。一つは、研究テーマの拡散化と多様化である。二つ目は、観察尺度を小さくし個々の行為者に焦点をあてる研究が増え、同時に都市空間への関心が高まることで、研究者が個別の事例研究に沈潜したためである。

こうした傾向に棹さしつつ、F＝J・ルッジウは近世都市への三つのアプローチを提唱する。一つ目は、都市をあらゆる住民にとっての「社会＝経済的な資源」としてとらえる、ということである。たとえばメンバーに相互扶助の絆を提供した同職組合以外にも、都市は商人や職人にさまざまな経済的援助を提供したし、都市の下層民は貧民救済をとおして富の再配分に与っていた。都市では個々人の情報を特定・集積するシステムが発達するが、彼によれば、こうしたシステムも経済的資源に与るための装置となる。このアプローチから描き出される近世都市は、フーコー的な抑圧の空間ではなく、広範な都市民に安定をもたらす政治空間とみなされる。第二は、支配する者と支配される者がアプリオリに対峙する世界ではなく、権力が拡散する参加型の社会として近世都市をみることである。「中世や近世の都市は、交錯する権力を内包する包括的な空間であり、その中に、市民の総体、つまり市民権をもつ成人男性が多少とも帰属していると考えるべきである」[12]という一節は、彼のアプローチを端的に表現している。そして第三は、都市における家族ネットワークへの注目である。広域的な家族ネットワークが複雑な連帯のメカニズムとして働き、「都市は、安定しつつもつつましい生活を送っているような社会層も含め、あらゆる社会階層において、家族ネットワークによって構造化されている」[13]とみるのである。

こうしたアプローチに共通するのは、社会集団からではなく、個々の行為者を出発点として、その軌跡を追跡する姿勢である。そこでは、ムーニエやラブルースが考えたように、近世社会を特徴づける実体的な社会集団をあらかじめ措定することはない。また、ある団体に所属する人びとを平均化する手法に満足するのでもない。むしろ議論の方向は逆転している。社会集団をはかるなんらかの指標を特権化することを忌避し、行為者たちが社会的結合関係を結び集団を創出するプロセスが問われるのである。また、個々の行為者への関心は、彼らが慣習や共同体の重みのなかにありつつ自らのもつ資源を活用してどのような選択をおこなうのか、それがいかに変わっていくのかを問う研究を生み出しつつある。このように彼の方法を追ってみると、F＝J・ルッジウらが個人の日記や書簡などのエゴ・ドキュメントに着目し積極的に利用するのは、よく理解できるところであろう。

本書に収められた「十八世紀における市民の政治参加――英仏の比較から」は、こうしたアプローチとその成果をよく示す論考である。モンテスキューやトクヴィルの名前を出すまでもなく、十八世紀のイギリスとフランスは、対比的にとらえられることが多い。フランス革命という圧倒的な大事件は、たしかに二つの社会の差異を強調する見方に説得力を与えてきた。とはいえ、それがつねに唯一の見方ではないはずだ。F＝J・ルッジウが描き出す十八世紀の英仏都市は、ともに広範な層に政治参加を認めた活力ある政治空間である。そのうえでF＝J・ルッジウは、公職という責任を自ら担い政治空間に参加した個々人の動機とその変容を、人びとの実践のなかから探ろうと試みる。そのために都市の象徴的秩序が重視され、都市をめぐる新たなレトリックが明らかにされ、役職にともなう物質的利益が顕わにされる。私たちはこうした成果を受け取ったうえで、この世界が十八世紀末の政治的大変動とどのようにつながっていくのか、あるいはつながらないのかといった新たな問いを本論考に投げかけることができるだろう。仏語圏はもとより英語圏の社会科学の成果を広く援用するこの論考は、近世都市史が今後取り組むべき課題の在処を教え、現代ヨーロッパのいわば傷だらけの民主主義の歴史を考える一つの前線をなしていることは間違いない。

身分と政治空間——大西洋を越えて

「十八世紀における市民の政治参加」が博士論文以来の自家薬籠中のテーマであるとすると、「大西洋貴族は存在するか」はＦ＝Ｊ・ルッジウの新たな展開を示す論考である。この論考で描かれているのは、社会的地位の構築と強化をめざして、大西洋の両岸、つまりフランスとその大西洋植民地の双方で繰り広げられる貴族と平民エリート層の戦略的な実践であり、こうした動きに対する王権の対応がつくる複合的な動態である。「新世界」に踏み出した人びとは、自分が生まれ育った社会の解釈枠組み（「本国由来の図式」）をなかば無意識に持ち込み、新世界のなかをときに移動しときに定着し、中央権力への請願や子弟の教育など幾重もの結びつきを本国とのあいだで保っていく。彼らが希求した名誉や貴族身分の獲得を焦点に、こうした人びとの戦略を一次史料から描き出した本論考は、独特の魅力を放つ。なかでも興味深いのは、新世界の植民地を均質な人びとの世界としてではなく、「貴族」を組み込んだ社会として考察していることであろう。植民地における貴族の積極的な役割を再評価するものだといってもよい。こうした視点の重要性を理解するには、アメリカを本質的に非封建的なものだと考える古くからの傾向を考慮しなければならない。たとえばルイス・ハーツによれば、アメリカ史の特徴（この場合、カナダやカリブの島嶼《とうしょ》部ではなくアメリカ合衆国のことであるが）は、ヨーロッパのような封建制の伝統が存在しなかったことにあるという。つまりアメリカは「生まれながらの自由主義社会」であり、その歴史はヨーロッパ的封建制の外部で展開したというわけである。[14] このような考え方は、アメリカを本質的に平等な社会だとみなしたトクヴィルにも遡ることができる。こうした主張が根強かったせいで、新世界の歴史における貴族身分の問題は、長らく本格的な研究の対象とされてこなかったのである。ひとまずここに、本論考の最大の面白さを認めることができる。

　とはいえこの論考の主眼は、貴族身分という近世ヨーロッパの社会原理が一部移植され、植民地的環境のなかで変容する点にある。F＝J・ルッジウによると、植民地の貴族は、本国とは異なり完全な意味での身分団体を形成してはいない。また植民地において武器携行の権利（武装権）が住民たちに広く認められたことは、貴族と一般住民を分かつ差異を消滅させ、貴族の意味に変容を迫る。にもかかわらず、新世界においても人びとは貴族に対する憧れや欲求を抱きつづけ、貴族身分の獲得がもたらす実質的な利益は地域の権力秩序の編成に一定の役割を果たしたことが明らかにされる。さらに貴族に対する新しい価値観、つまり出生よりも功績に重点をおく貴族原理（メリトクラシー）の誕生が示唆されている。これは、一つの仮説として心にとどめておくべき重要な指摘だと思われる。

本論考でF＝J・ルッジウは、大西洋の両岸という巨大な空間を扱う。彼がここで設定する政治空間は、大西洋を横断し移動する個人、あるいは家族の社会的結合関係の連鎖としてとらえられる。ミクロな社会的結合関係のネットワークによってマクロな空間が把握される、と言い換えることもできるであろう。当時の人びとの活動域と社会的結合関係がこれほどの広域性をもっていた以上、近世ヨーロッパの政治や統治構造を探る際には、私たちはこうした政治空間の広がりを必ず視野にいれておかなくてはならないことにあらためて気づかされる。いずれにせよ、人びとの生活世界が権力秩序に編成される政治空間の範囲は、時代のコンテクストや、歴史家の視点によって伸縮する。だがこうした政治空間の可変性に留意しつつ、対象の性質や目的に応じて自在にその範囲を設定し、歴史的世界を再構成するというのは、じつは容易ならざることである。そこでは高度なバランス感覚と、広範囲にわたる知識や史料調査が必要となる。方法論的には、ミクロとマクロの観察尺度のギャップをいかに埋めるかが、最大の焦点となる。そのような挑戦的試みの成果として、私たちには柴田三千雄の『近代世界と民衆運動』という貴重な遺産が残されている。[15]しかし柴田が、ローカルな世界の構造化を介して成立する資本主義的世界体制の「構造」を明らかにしようとするのに対し、F＝J・ルッジウにおけるマクロな政治空間とは、背後に多種多様なライフヒストリーを抱える個人の「行為」が重層的に折り重なってつくりあげられる全体のことである。新世界のローカルな場における貴族身分をめぐる争いが、人的なネットワーク形成を通じて、帝国レベルでの権力秩序の編成過程と連動する、とでもいえようか。ここで「新世界」と「旧世界」の本質主義的な二項対立は止揚される。

このような視点からとらえられた新世界は、ではどのような性格を帯びるのであろうか。それは、ヨーロッパの社会原理が一方的に移植された世界でも、本質主義的な独自性を備えた世界でもなく、いわば混交的な性格をもっているのである。[16]こうした新世界の混交性

パへの理解は、翻ってヨーロッパ国家のさらなる理解へ、また帝国としてのヨーロッパ諸国家の比較へと私たちを誘う。[17]近世国家がはらむ混交的性格や、本国における混交性と海を越えた帝国の混交性が連続しているありようは、おそらく当時のスペインにもっとも鮮明に見出されることであろう。しかし、F＝J・ルッジウの視点に学び、人的なネットワークと利害線が縦横に走っている政治空間として帝国をとらえるならば、近世のフランスも、スペイン帝国やイギリス帝国と多かれ少なかれ同じような条件下におかれていたのではないか、と問うてみることもできる。さらに、パリやヴェルサイユといった都市の政治空間に帝国の首都としての混交的性格を読み込んでいくことも可能となる。ここに、帝国のなかの近世都市という比較のテーマが浮かび上がってくる。

他方、巨大な政治空間を扱う本論考で、F＝J・ルッジウはエゴ・ドキュメントを駆使し、ミクロな観察尺度を大切にする。たしかに、人びとの日常的な生活空間とそれを取り巻く権力をミクロな視点で検討することは、ここ数十年、歴史学にとっては常套手段となった。しかし、F＝J・ルッジウがここで試みるのは、たんに微細な事物や出来事に注目するというだけにとどまらない意味をもつ。「十八世紀における市民の政治参加」が明らかにするように、近世における権力は、一極集中型ではなく、諸々の制度や団体に分散して担われる拡散的性格を有していたからである。もとよりこの時期の国家は、他の諸国との熾烈な競合関係のなかで暴力の一元化をめざし、団体や制度の創出・保護をとおして、着実にその基盤を強めていた。多元的な制度や団体と権力を分有することで統治を可能としてきた近世社会の姿がそこにはある。だからこそ、団体に拡散し分有された権力がいかなる社会的結合に支えられていたのか、またどのように社会的結合の生成・変質や王権の戦略の作用を受けていたのかをミクロなレベルで探ることが、近世社会を読み解く鍵としてとりわけ要請されてくるのである。新世界での貴族身分の創出とコントロールをめぐる駆引を照射した本論考は、近世史研究におけるミクロな観察尺度がもつ有効性を示す好例といえよう。

私たちはまた、新世界で人びとが貴族に「なる」戦略とプロセスを明らかにしたこの論考で、身分をめぐる新しい研究の方向性と出会っている。ここでいう身分とは、いわゆる聖職者・貴族・平民の三身分に収斂するものではない。身分とは、同職組合や教区、都市のように、人びとがそこに属することでアイデンティティと特権を与えられ、同時に付随する義務を負うような階梯的社会制度をいう。F＝J・ルッジウは二〇一三年のシンポジウムで、一九八〇年代以降、フランスの社会史が社会集団や階級の分析から個人に焦点をおいた研究に移行し、多くの成果をあげてきたことを説明した。しかし同時に、こうした研究が一つの「限界」に突き当たっていることも指摘している。彼はいう。「個人・家族の軌跡の描写や、行為者が社会集団を超えて行動するさまを強調することは、社会的範疇の間の不平等の軽視、社会的支配という概念の消去、社会状況の変化を説明する力学の消滅をもたらした。よって今こそ、社会的移動の研究に関連するこれまでの成果にも依拠しつつ、社会形態に対して再び関心を向けるべきである」[18]。つまり、近世社会では人びとのあいだでは資源は不均衡に配分されていたことを再認識し、個と社会のありようをあらためて問題にすべきだというのである。それは、かつてのムーニエやラブルースのように、静態的・実体的に「身分」や「階級」をとらえることをもちろん意味しない。

F＝J・ルッジウが大西洋貴族に即してみせてくれたのは、身分はいったん与えられるとその檻の中で生涯身動きひとつできぬようなものではなく、ある種の機会に恵まれれば操作可能な社会的資源となり、しかもそうした機会は思いのほか社会の下層の部分にも開かれていた、ということである。だからこそ、身分特権と義務を操作するためにさまざまな駆引がおこなわれ、その駆引を通じて社会的資源が再分配されるのである。また身分特権と義務が王権の創設と保護を前提としているために、そこには必然的に王権の操作も介在する。Ｆ＝Ｊ・ルッジウが本論考で提示した動態的で操作可能な身分のありようは、近世の身分制を考えようとしている私たちの共通の出発点になるであろう。それはまた、個と社会の関係を考えつづけてきた社会史が挑もうとしている新しい領野でもあるのである。

1 フランソワ＝ジョゼフ・ルッジウ（竹下和亮訳）「一八世紀フランス都市エリートの居住戦略」『年報都市史研究　遊廓社会』山川出版社、一七号、二〇一〇年、一〇一～一二〇頁。あわせて高澤紀恵「フランソワ＝ジョゼフ・ルッジウ氏と近年のフランス都市史研究」同、一二二～一二三頁も参照されたい。

2 このシンポジウムの記録として、以下を参照されたい。高澤紀恵／吉田伸之／フランソワ＝ジョゼフ・ルッジウ／ギヨーム・カレ編『別冊都市史研究　伝統都市を比較する――飯田とシャルルヴィル』山川出版社、二〇一一年。

3 二〇一三年にパリでおこなわれた対話の成果としては、以下を参照されたい。フランソワ＝ジョゼフ・ルッジウ（竹下和亮訳）「身分概念と新しい社会史」『思想』岩波書店、一〇八四号、二〇一四年、一〇九～一二五頁。

4 フランソワ＝ジョゼフ・ルッジウ（竹下和亮訳）「一八世紀のシャルルヴィル住民」『別冊都市史研究　伝統都市を比較する――飯田とシャルルヴィル』山川出版社、二〇一一年、同「君侯の都市」『飯田市歴史研究所年報』南信州新聞出版局、九号、二〇一一年、八～一九頁。また以下の論文も参照されたい。フランソワ＝ジョゼフ・ルッジウ／アラン・ティレ（竹下和亮訳）「一八世紀パリの社会史を書く――史料紹介」『別冊都市史研究　パリと江戸――伝統都市の比較史へ』山川出版社、二〇〇九年、一七五

～二〇九頁。この論文では、具体的な史料に即して、そこからどのような方法で何を読み取っていけばよいのかが著者独自の視点から解説されている。いわば歴史家の実際の仕事場を公開しつつ初学者にテクスト分析の手ほどきをおこなったもので、優れた歴史学研究入門となっている。また、フランソワ＝ジョゼフ・ルッジウ（加太康孝・舟橋倫子訳、坂野正則校閲）「フランスにおける都市民意識、都市体験、アイデンティティ――アンシャン・レジームから革命まで」渡辺浩一／ヴァネッサ・ハーディング編『自己語りと記憶の比較都市史』勉誠出版、二〇一五年、六〇～八六頁。

5 François-Joseph Ruggiu, *Les élites et les villes moyennes en France et en Angleterre (XVIIe–XVIIIe siècles)*, L'Harmattan, Paris, 1997.

6 マルク・ボーネ（河原温編）『中世ヨーロッパの都市と国家――ブルゴーニュ公国時代のネーデルラント』山川出版社、二〇一六年。とりわけ河原温・藤井美男訳「中世ネーデルラント　都市の「世界」か？――ヨーロッパのコンテクストにおける都市史」（六二～一〇三頁）を参照されたい。

7 林田伸一「ロラン・ムーニエと絶対王政期のフランス」二宮宏之・阿河雄二郎編『アンシアン・レジームの国家と社会――権力の社会史へ』山川出版社、二〇〇三年、二〇三頁。

8 Daniel Roche, "De l'histoire sociale à l'histoire socio-culturelle", *Mélange de l'École française de Rome. Moyen Âge, Temps modernes*, vol. 91, n° 1, 1979, p.7–19.

9 この研究については、以下の論文も参照されたい。Isabelle Backouche, "À la recherche de l'histoire urbaine; Jean-Claude Perrot: Genèse d'une ville moderne (1975)", Bernard Lepetit et Christian Topalov (éd.), *La ville des sciences sociales*, Belin, 2001, p.267–305.

10 Jean Claude Perrot, "Rapports sociaux et villes au XVIIIe siècle", *Annales. Economies, Sociétés,*

Civilisations, 23-2, 1968, p.241-267.

11 Bernard Lepetit and Jean-Luc Pinol, "France", Richard Rodger (ed.), *European Urban History*, London, 1993, pp.76-108.

12 フランソワ＝ジョゼフ・ルッジウ「近世ヨーロッパにおける工業化以前の都市」『別冊都市史研究 伝統都市を比較する――飯田とシャルルヴィル』山川出版社、二〇一一年、一七五頁。

13 同右、一七九頁。

14 ルイス・ハーツ（有賀貞訳）『アメリカ自由主義の伝統』講談社学術文庫、一九九四年。

15 柴田三千雄『近代世界と民衆運動』岩波書店、一九八三年。

16 こうした問題意識に立つグローバル・ヒストリーの構想として、セルジュ・グリュジンスキ（竹下和亮訳）「カトリック王国――接続された歴史と世界」『思想』岩波書店、九三七号、二〇〇二年、がある。F＝J・ルッジウの提示する新世界と旧世界の交錯は、グリュジンスキも依拠したサンジャイ・スブラフマニヤムの「接続された歴史」(connected histories)という概念と親和的である。サンジャイ・スブラフマニヤム（中村玲生訳）「テージョ河からガンジス河まで――一六世紀ユーラシアにおける千年王国信仰の交錯」『思想』岩波書店、九三七号、二〇〇二年。サンジャイ・スブラフマニヤム（三田昌彦・太田信宏訳）『接続された歴史――インドとヨーロッパ』名古屋大学出版会、二〇〇九年。

17 そのための最初の枠組みを与えてくれるものとして、John H. Elliott, *Empires of the Atlantic World: Britain and Spain in America 1492-1830*, Yale University Press, 2007.

18 F＝J・ルッジウ（竹下訳）「身分概念と新しい社会史」二〇一四年、一一一頁。

VILLES, ORDRES, LE NOUVEAU MONDE

par FRANÇOIS-JOSEPH RUGGIU

十八世紀における市民の政治参加
英仏の比較から

権力空間としての近世都市

近世都市における権力や権力行使を研究する際、フランスでは伝統的に、統治する者とされる者のあいだにはっきりとした対抗関係があることを前提としてきた。[1] ここから、研究史上の二つの重要な方向性がでてくる。[2] 第一は、都市内の諸団体を記述する方向である。とくに、頂点に位置する都市社団とその機構について描き、それらの管轄領域を検討し、ヒエラルキーのなかに位置づけるのである。第二は、ある団体に参加する人びとを、プロソポグラフィックな観点から研究する方向である。すなわち、団体メンバーのリストをつくり、一群の伝記情報（年齢、職業、財産規模、出自、居住地、識字能力など）を集め、どの時期に団体に加わり、辞めたのか、またその間にどのようなキャリアをたどったのかを分析することが、模範的で信頼に足るやり方とされる。その結果、団体メンバーの平均的な像が得られるので、これを基準として研究者は個々のメンバーの軌跡を評価するのである。

こうした分析が教区財産管理委員会を対象とすることはほとんどなく、一般には都市社団を対象とする。分析対象は「都市役職者」や「都市エリート」と呼ばれ、従属的態度に凝り固まった他の都市住民と対比されるのである。当然のことながらこうした分析手法は、都市が政治的にどのように動いていたかを理解するには適切だし、不可欠でもある。しかしこの手法は、近世都市空間における権力行使のありようを完全に説明するものではない。というのも、程度の差はあるが、都市における権力の行使は著しく細分化されていたからである。実際のところ十八世紀の都市とは、少数の政治的主体《アクター》が、多かれ少なかれ受動的な集団を支配するシステムではなかった。逆に、明らかに多くの個人がなんらかの権力をもっていたようにみえるのである。ここで権力とは、一定地域の住民に対する権限を特定の個人に与えるような公職の実践から生じる力[3]をいう[4]。

権力の細分化は、地域共同体の代表とみなされた地方当局[5]が、きわめて多様な分野を担当せざるをえなかったことに由来する。実際に地方当局がどの程度まで地域共同体の代表であったかは、ここでは問わないことにしよう。地方当局は、まず政治、とりわけ十八世紀の意味での「ポリス」を担った。なお十八世紀における「ポリス」とは、都市社団やさまざまな街区を運営する団体を通じておこなわれる行政全般を意味する。都市社団とは、市長と助役、さらに（都市によって異なるが）不定期に集まる参事会か名望家の臨時集会によって構成される団体である。地方当局はまた、さまざまな形態をとる都市裁判所を通じて司法を担当した。とくにイングランドにおいてはそうであった。さらに、教区財産管理委員会や教区会をとおして、教会世俗財産の管理を担当した。フランスにおいては、多様な形態をとる都市民兵を介して軍事分野も担当した。そして最後に、同職組合をとおして、またフランスでは商事裁判所を介して、経済分野も担当した[6]。これらの総体が、まとまりをもった政治空間[7]を形づくっていたといえる。ここでいう政治空間とは、ギリシア的な（古代ギリシアの政治思想における）意味であり、内部で諸権力が重層し交錯する都市（ポリス）の運営にかかわるすべてを指す[8]。

こうした観点に立てば、イングランドでもフランスでも、近世都市全体が一つの権力空間として立ちあらわれる。この権力空間への参加は、程度に大きな開きがあったとはいえ、

18世紀のフランスの主要都市

18世紀のブリテンの主要都市

一定の資産さえあればかなり多くの都市民に認められていた[9]。権力に参画する最初の一歩は、都市の社会階梯のなかで比較的下位にあると自覚していた人びと(当時の人びとは自分たちが「階梯」のどこかに位置すると考えていた)にも手が届いた。「階梯」というイメージは、当時の人びとには「層」とか「構造」といったイメージよりずっとなじみ深いものである[10]。一例をあげれば、アミアンでは各街区で井戸の維持と衛生管理を責務とする井戸長を定期的に選んでいた。通常、井戸長の地位は、井戸のある空間がどのような職能的レベルにあるかによって左右された。糸市場にある井戸の長は、二人とも名前に殿の尊称をつけて呼ばれており、そのうちの一人は食料商であった。他方、ボーヴェイ通りの井戸長は、荷担ぎ人足と織物工であった。井戸長たちには、誓約の義務があった。彼らはとくに井戸の下で洗濯をしないよう監視することになっており、そのために都市当局から抑止用の武器を供与される恩恵を得ていた。

　重要なのは、これが公職であったことである。公職に就く者とこれに従い治められる者のあいだでは、公職がその保持者に一定の権力を与えたことは間違いない[11]。もちろん、都市空間の範囲を超えた地方全体や王国全体に及ぶような高度に複雑な権力への参加は、格段に大きな社会的資源をもつごく一部の人びとに限られてはいた。ここから次のことが導き出される。すなわち、大筋において都市共同体内部を特徴づける関係が調和的か、それとも緊張に満ちたものとなるかは、たんにその都市でどのような政策が進められたかによって決まるのではなく、多くの都市民が政治空間に参加したかどうか、ということによっても左右されたのである。それら政策の実際の内容如何よりも、である。ここでは政策決定の諸要素といった議論には立ち入らず、都市の諸権力は固定したものではない、ということを指摘しておきたい。つまり、諸権力は、都市と同じリズムで変化したのである。ある権力は発展し、他の権力は衰退し、家族はそれぞれこの変化に対応しなくてはならなかった。ここで対象とする時期に新たな権力構造があらわれたフランスとイングランドのあいだには、この点で重要な差異があったように思われる。

政治空間への参加

歴史家は、どのような属性が個人を社会空間に位置づけているかを分析することで、都市の諸団体に参加した個々人をかなり正確に描き出すことができる。[12] しかし、一例をあげれば、歴史家が見出した社会的属性は、特定の個人が市当局に席をおく理由を決して説明するものではなく、その人物が市当局に加わることのできた条件を示しているにすぎない。

先に明らかにした諸団体への加入についても同様である。実際に個々人が団体に加わったり離れたりした環境がはっきりと示されない限り、どれほど人びとの動きを明らかにした研究であっても、不満は解消されないままである。歴史家はあまりに安易に次のような前提に立ってきたように思う。すなわち、団体のなかにある人物が席をおいているということは、結局のところ、その人物、あるいはその家族が一定の担当領域に経済的・社会的支配を及ぼしたことをあらわしている、という前提である。それゆえ個々人が権力界で役職に就くことは、社会化するさまざまな段階で得たたんなる位置関係として理解されるのである。こうした見方をとってきたために、個人が権力に参加する明確な方法や、さらにいえば、おおっぴらに言明され特定されるような個々人の参加の動機については、光があたらないままできた。歴史家たちが、権力の上層部の「世襲」概念に焦点をあててきた理由も、ここにあるのかもしれない。というのも「再生産」とは、親から受け継いだ社会的信用を権力界でほぼ自動的に具現化さえすれば人は満足する、ということのもっとも明白な証拠となるからである。[13]

しかしながら、昔から次の事柄は確認されてきた。すなわち、十分な資源をもち、（ロバート・ダールの言葉をここで用いれば）潜在的な政治的影響力をもつ者の数は、組織や権力関係に活発に参加し、これを実際の政治的影響力とした者の数よりもはるかに多いということである。[14]たとえば、十七世紀のノリッジの政治活動に関する研究で、ジョン・T・エヴァンズはこのことを完璧に証明した。親族という特定の社会的資源について研究した彼は、一六二〇年から九〇年にかけて参事会員か知事《シェリフ》になった一五六名が約二〇〇〇名以上の都市住民となんらかの親族関係にあったことを明らかにした。そして、こうした集団のなかで、なぜある者は都市社団にはいり、ある者ははいらないかを、親族関係では確実には説明できない、ということを明らかにしたのである。[15]また彼は経済的資源を調査し、一六四五年のノリッジでは、市会員の富の平均かそれ以上の富をもち、かつ都市の役職を保有しない者が約六五名いることも明らかにした。[16]一六六五年頃、都市社団に参加するのに必要な富をもっている者は、一二〇名から一五〇名、つまり都市の市民《フリーメン》の七〜八％いたのである。[17]

大多数の公職は、自らの意思に基づいて遂行されていたことにも留意したい。受ける意思がない場合には、一般には、相当額の科料と引替えに公職を免除してもらうことができた。十八世紀カンタベリーの高級小間物商ウィリアム・グレイが、一部の市民による公職拒否を非常に憂慮したのはそのためである。彼は、都市年代記にかなりの紙幅を割いて、一七五一年から五七年の期間に都市の役職免除のために二〇〜三〇ポンドの罰金を支払った者をすべて列挙したリストを作成している[18]。イングランドではしばしばみられたのだが、就任を拒否すると思われる人物をわざわざ都市役職者に選任するのは、科料という資金を集めるまわりくどいやり方であった[19]。この解釈の裏付けとなるのは、ウィリアム・グレイがリストにつけた一七五五年九月五日付のメモである。彼は、一七五四年九月二十九日以降、役職を受けた者の数（五名の参事会員と二〇名の市会員）と拒否した者の数（三名の参事会員と一二名の市会員）を検討し直しているのだが、ここで次のようにはっきりと述べている。就任拒否者は「役職免除のための科料を支払った。その科料の総額は、三五〇ポンドにのぼる[20]」。

しかし、役職拒否については、次のような解釈も成り立つ。すなわち、都市行政に携わるにしても、一定の範囲内にとどめたい、という人たちの意思表明とみる解釈である。彼ら拒否者が、さして重要ではなく時間もほとんどとられない職務は進んで受け入れているとしたら、彼らは政治空間の中心部にははいりたくない、あるいは早々にそこから退出したいと思っていた、ということになる。カンタベリーの場合、政治空間の中心とは、要職とみなされていた市会のことである。

個々人の動機は、人生のどの段階にあるかに応じて、もちろん多様である。それでも、個人の動機を検討することは、政治空間に参加可能なかなり広範な人びとと、実際に参加した少数者集団を分かつ標識、おそらくは決定的標識の検討につながるように思われる。しかし、歴史学でも政治社会学でも、こうしたアプローチはいまだ一般的とはいえない。おそらくこのアプローチをとる場合、政治空間への参加という行為を、野心や社会的上昇の願望といったいわゆる人間の不変要素を用いて心理学的に解釈してしまう危険に陥りがちだからであろう。とはいえ、ここでは(網羅的とはいかないが)現在の十八世紀の英仏都市史研究と現存する伝記に依拠しつつ、近世都市の政治空間への参加を歴史的に輪郭づけてみたい。[21]

実際、啓蒙の世紀に政治参加が人びとにとって重要な意味をもつことが明らかになった以上、行為の動機という問題は検討すべき新たなテーマとなる。最初に、行政者自身の言説には依拠しがたい、ということを確認しておきたい。都市の重職に就いた都市民の証言はきわめて少なく、しかもつねにその解釈は難しいからである。たとえばウィリアム・グレイは、参事会員に選ばれた日のことについて、はっきりとこう不満を表明している。「運の悪い八月一日の収穫祭、市長のジョン・ワット殿は私を参事会員に任命するのがよいと考え、全員一致の票を得て私は亡くなられたボッティング氏の代わりに参事会員に就任した。神様が私の心をご存じのように、私は彼のことを大変心配していたのだが」[22]。彼は、参事会員職を避けるために、二〇ポンドの科料を払うことさえ検討したようである。

アブヴィルの小間物商ジョルジュ・メリエの日記には、いくつかの役職への言及がある。だが、それを読んでも、なぜ彼がそれらの役職に選ばれたのか、またなぜ彼がこれを受け入れたのかはわからない。これらの役職はもちろん持回りではないが、彼に自然にまわってきたかのようでもある[23]。しかし、彼がはじめて小間物商組合の幹事に選ばれたとき、日記に次のように書いている。「御心にかなうのであれば、神さま、私が代表となる恵みを賜りますように」。さらに彼がいうには、一七五三年に代表職にあったある人物が幹事に選ばれたのは、一七二五年のことであった。それは、「私がこの世に生まれた年」であり、こうしたやり方で彼は時間軸に沿って自分の目標を定めていた。結局、彼はその目標に到達することはなかった。というのも、どうやら組合の代表職に彼が任じられることはなかったからである。おそらく思っていたよりも早く他の要職がまわってきたからであろう[24]。しかし、われわれはこれを唯一の正解と主張せず、また行為の複雑な動機をただ一つの次元に押し込めないように、もっと広く答を探さなくてはならない。

象徴的秩序への参加は、政治参加の強い動機付けになっていたように思われる。現在の社会では、宗教的次元で一部残っているにすぎないが、名誉が追求されるべき価値であった社会では、どのようなレベルであれ公職の遂行は、明らかに名誉を増すことにつながった。この点については、のちに立ち戻ることにしよう。何が役職と名誉を媒介するかはよく知られており、英仏海峡の両側で似通っている。まず、特別の衣類が着用された。式服は、場と役職によって形や色が異なったし、役職によっては帽子や手袋など定められた小物を身につけるように命じる複雑な服装規定をともなった。[25] 次に、さまざまな形態の上席権があった。たとえば日曜礼拝時の教会の専用席のように、[26] 日常的な出来事で上席権が認められた。また、地域や王国全体にかかわる出来事が起こった際に大々的に挙行された公の儀式においても、同様であった。こうした儀式は、イングランドやフランスでとくに多かった。[27]

都市役人を取り囲む印璽、権標、記章、肖像画といった名誉の標識もあった。[28] ウィリアム・クーパーは、チェスターの彼の代理人サー・ロバート・グロブナー宛の手紙で、参事会室にある「現在と将来の役人の名前を記す上皮紙」の置き場所について次のように長々と尋ねている。「これらは肩章の後ろの壁際、市長の椅子の後ろのアルフォードに向いた角に置いたほうが、もっとふさわしいのではないだろうか。それに都市役人たちの二冊の目録は、剣と職杖の両側に置くべきではないだろうか」[29]。カンタベリーの市庁舎には「市の功労者」の肖像画をかけるギャラリーがあったのだが、十八世紀になっても、ここに新しい肖像画が増えつづけた。このギャラリーに次々と加わった絵を調べた郷土史家の調査によると、これらの肖像画は、書記でカンタベリー代表の下院議員でもあったチャールズ・ロビンソンや参事会員リチャード・バラム、そしてとりわけ十八世紀末にカンタベリーの再活性化に大きな役割を果たした参事会員ジェームズ・シモンズを描いたものであった[30]。

特定の地域を研究対象とするフランスの歴史家は、象徴的秩序へのこうした参加を長く見過ごしてきた。王権に実権を取り上げられた埋合せに人為的に残された無意味な残骸とみなしてきたのであるが、実際には、ここにはきわめて重要な集合的意味があった。というのも、象徴的秩序への参加は、団体の正当性を再確認させたし、当該の個人からは重い負担感を取り除いてくれたからである。団体は都市儀礼を豪華絢爛に演出することで、それを観客たる都市民のための演劇とし、観る者を人為的に共同体に統合した、という見方がある。しかし、たとえこうした見方を受け入れたとしても、都市儀礼がその直接の参加者に強力な心理的インパクトを与えたことを忘れてはいけない。

参加者たちは、職業的な役者のように一つの役を演じることはなかったが、託された義務を遂行するという気持ちを抱き、そこからしかるべき誇りの感情を引き出したように思われる。だからこそ、ウィリアム・グレイは、さまざまな司法団体が儀式の序列に大きな影響力をふるったフランスとは異なり、彼の暮らした社会では席次争いがなかったにもかかわらず、席の序列に特別の注意をはらっていたのだろう。彼はまた日記のなかで、一七四四年の対仏宣戦布告やアーヘンの和約、また五七年の対仏宣戦布告に際して挙行された儀式の序列を、驚くべき正確さで記している。いずれの儀式でも象徴的な中心を占めていたのは、市長と参事会員であった[31]。

奉仕と献身のレトリック

エリートたちは共同体への奉仕と献身を基盤とするレトリックを信奉していた。彼らが政治参加に向かった第二の動機はここにある。こうしたレトリックは、英仏海峡の両側で確認されている。イングランドに関しては、デヴィッド・イーストウッドが、十八世紀の都市にも息づいていた「市民道徳」や「市民の誇り」といった観念を最近の総合的研究で強調している。[32] フランスに関しては、「神に嘉される都市」という観念に基づく正真正銘のイデオロギー的モデルが北フランス都市に存在し、十八世紀をとおしてこれがなんとか守られつづけたことを、フィリップ・ギネが指摘している。[33] 彼の研究によれば、政治空間に参加した者たちは皆、王権による侵害から都市の伝統的自由を守ろうという強固な意志に突き動かされていた。たとえばアミアンの都市社団は、一七〇二年五月、〇四年一月、三三年十一月、七一年十一月に創設された都市役職を、一貫して買い戻しつづけたが、それは選挙の自由をもちつづけるためであった。[34] いずれにせよ、中央権力と地域権力の関係は、一筋縄ではいかなかった。

十七世紀前半のリヨンに関しては、ヤン・リグネルが文書（市当局記録、誹謗文書）、図像（地図、版画、絵画）、物品、建造物、そして行為それ自体に示された言説を研究することで、市参事会員たちの行動様式を形づくった政治モデルを再構成しようと努めた。こうして彼は、中央権力との関係においても、道路管理や都市の食糧供給のような地道な都市行政においても、市参事会員たちがとった一貫した態度を浮き上がらせることができたのである。リグネルはまた、国王から絶対主義が押しつけられた時代にありながら、実利的領域においても精神的領域においても、都市の活動を再適応化させた都市イデオロギーの活力を強調することができた。ところで、市参事会員たちが状況に応じて異なる政治的・文化的モデルを支持したことで、伝統的に歴史研究が解明に努めてきた社会的差異や世代間の差異の意味は失われつつある。[35]

市民参加に関するレトリックは、十八世紀に新たな展開をみせる。それは二つの異なる文化的動向から生じた。第一の動向は、古遺物研究家や学者たちの手による都市史が数多く出版されたことと関係する。一般に彼らは、その都市の文字世界に深く沈潜し、その地域の公職の古さと、そこに賦与された威信の称揚に努めた。イングランドについていえば、ロイ・スウィートがこうした都市史を精緻に研究してきたし、エドワード・ヘスティッドによるカンタベリーの研究、またヘンリー・ブルヌ、ジョン・ブランド、ジョン・ベイリーによるニューカッスルの研究など枚挙にいとまがない。フランスにもこうした都市史は存在する。たとえば、一七五七年にパリで出版されたルイ・フランソワ・デール神父の『アミアン都市史』がその例である。

第二の動向は、地域の公職が職業化するプロセスと関係している。このプロセスは十八世紀半ば以降には表面化し、行政ハンドブックの登場をもたらした。イングランドでは、一七五五年に初版が出版されたロバート・バーンの著作が、その一例となる。[36] 英国図書館の目録を調査すると、少なくとも次のような七つの地方行政ハンドブックが十八世紀に出版されていた。これらは、十九世紀中葉まで何度も再版された。こうした行政ハンドブックは、通常、一二折判で二〇〇頁ほどの小型本である。一二折判で一七二九年にロンドンで出版された『完璧なる教区役人』は法学者であるジャイルズ・ジャコブの作であり、また四四年にロンドンで出版された一二折判『教区役人必携』がある。ミドル・テンプルのジェントルマンによる『博識なる教区役人』は、一二折判で一七五九年にロンドンで出版された。ダドリー子爵ジョン・ウォードによる『治安判事と教区役人の法に関する判例と補遺』は四折判で一七七〇年にロンドンで、またリンカンズ・インの一ジェントルマンによる『現代の教区役人』は七四年にロンドンで世に出た。十八世紀の終りに出たヘンリー・クラヴェリングの以下の作品をここに付け加えることができる。すなわち、『新・完璧なる教区役人――議会法全要旨の簡潔平易な説明』はおそらく一七九六年にロンドンで八折判で、[37] また『完璧なる教区役人、あるいは教区委員、貧民監督官、治安官、小治安官、教会委員補、教会吏員など教区役人のための完全ガイド』は一八〇二年にロンドンで（第四刷が）八折判で出版されている。フランスでも一七六〇年代初頭に、都市法が全国に向けて

1629〜30年のトゥルーズの市参事会員

152

THE
Compleat Parish-Officer;
CONTAINING

I. The Authority and Proceedings of High Constables, Petty Constables, Headboroughs, and Tithingmen, in every Branch of their Duties, pursuant to Acts of Parliament: With the High Constables Precepts, Presentments, Warrants, &c.
II. Of Churchwardens, how chosen, their Business in Repairing of Churches, Bells, &c. and Assigning of Seats; the Manner of Passing their Accounts, and the Laws concerning the Church in all Cases; and an Abstract of the Act for building Fifty new Churches in *London* and *Westminster*.
Also of Sidesmen, and their Duty; and Vestrymen, &c.
III. Of Overseers of the Poor, and their Office; their Power in Relieving, Employing and Settling, &c. of poor Persons; the Laws relating to the Poor, and Settlements, and the Statutes concerning Masters and Servants.
IV. Of Surveyors of the Highways, and Scavengers, how elected, their Business in amending the Ways, &c. and the Duty of others, with the Methods of Taxation, and Laws of the Highways.

Together with
The STATUTES relating to Hackney Coaches and Chairs, Watermen, &c.

The Tenth Edition, Corrected, with large Additions.

To which is added The Office of Constables, written by Sir *Francis Bacon*, Knt. in the Year 1610. declaring what Power they have, and how they ought to be cherished in their Office.

In the SAVOY:
Printed by HENRY LINTOT, (Assignee of *Edw. Sayer*, Esq;) for H. Birt, at the *Bible and Ball*, and B. Dod, at the *Bible* and *Key* in *Ave-Mary-Lane*; and C. Harris, on *London-Bridge*. MDCCXLIV.

ロンドンで出版された『完璧なる教区役人』(1744年版)

上：Annales manuscrites des Capitouls, livre VI, chronique 302, Archives municipales de Toulouse, BB 278, p.294–295.
下：ニューカッスル・アポン・タイン市立図書館蔵。

立て続けに出版されたことを、ジャン＝アンドレ・トゥルネリが確認している[38]。

都市システムの改革が重要な政治課題となったこの時期に、フランスとイングランドで同じような現象があらわれたのは、偶然ではない。ちなみにこの政治課題は、一七六四年、六五年のラヴェルディの改革で具体化した[39]。都市史と都市法という二つの言説は、類似しているわけではなく、むしろほとんど相反するエートスを示している。つまり、都市史に用いられる言葉は、もっとも伝統的な形式で社会的評価に訴えかけるのに対して、行政法に用いられる言葉は専門用語に属している。二つが一つになって、魅力的な公職イメージが形づくられたのである。このイメージのおかげで、住民のミドリング・ソート（中間層）にいる人びとを公職へと惹きつけることができたし、またそうする必要があった。上位であれ下位であれ政治空間のなかでなんらかの組織に彼らが参加することは、政治空間全体がうまく機能するためには不可欠であったのである。

隠れた利益

もう一つの潜在的動機として、公職の遂行にかかわる物質的利益の追求がある。この動機については、おおっぴらに口に出されることは少ないが、実際の行動のなかに見て取ることができる。地域の行政担当者が地域社会に対しておこなう務めは、原則として無報酬であった。イングランドでは、陪審員、治安官、貧民監督官、あるいは道路管理官や多くの役人たちは、自分の職務を無給で果たした。このことは、十八世紀をとおしてつねに確認されている。[40] ニューカッスルの有名な版画家トマス・ビューウィックが、その回顧録のなかで、国家の頂点にはびこるいわゆる「腐敗」を暴く際に、次のように率直に強調している。「治安判事は、自分の役割を無給でこなすために大変な苦労をしている。教区委員や貧民監督官も同様である。この国の偉大で富裕な人びとは、どうしてこの立派な手本に従わないのであろうか[41]」。市長職のように報酬や現物補償をもたらす役職もあったが、役職の遂行にともなう支出は受取額を上回るのが普通であった。それゆえ、通常、役職とは、時間の点でも金銭の点でも重い負担を強いるものであった。とはいえ、もっとも影響力のある役職に就く者にとって、政治空間への参加、とくに市政に参加することで都市の経済的資源への接近が容易になることは、よく知られたところである。

フランスでは、ほとんどの間接税は請負制で徴収されていたのだが、請負人のなかには頻繁に都市行政に携わる人びとを見出すことができた。イングランドで都市所有の土地が優先的に貸し出されたのも、しばしばこうした人びとに対してであった。[42] 教区同様、市政における権力は、きわめて多様な形態の恩顧関係《パトロネージ》を有利に利用することを可能とした[43]。他の役職の場合でもすべて、だれでも役職の保持者は政治空間への参加によって、少なからざる利益をこっそりと得ることができた。こうした利益は一見ささやかであるため、役職者が公的資格を失わずにすむという利点があった。あとからみると少額のちょっとした財政的配慮にみえる事柄でも、事情は同じである。

一七三四年に正式に市民となり、カンタベリーの聖ミルドレッド教区に居住していた煉瓦職人のヘンリー・マイルズは、四一年には教区会役員であり、そのため会計報告を聞く役にあった。彼は同時に、おそらく教会堂維持のための荷車四分の三台分の瓦と三〇〇の煉瓦を一ポンド五シリング六ペンスという額で納入した業者の一人でもあった。彼は一七四二年、四三年、四四年、四五年、四七年、四八年、五〇年、五一年、五三年、五五年にも、つねに少額ではあるが請求書を出している。それは、この役を未亡人のチェアル夫人と交代するまで続いた。したがって、彼が中心人物の一人であった教区会は、彼の顧客でもあった。彼が、教区会の恩顧関係に自分の顧客を増やす手段を見出すこともありえたわけである[44]。

地域の団体の集会は、公金から支出される食事や宴会の機会でもあった[45]。カンタベリーのウェストゲート教区の領主裁判所文書のなかに請求書一式が保存されており、それらはここの集会がどれほど宴会好きであったかの証拠を示してくれる。一七八三年に旅籠《はたご》屋「王の頭」で開かれた宴会では、三三名が集まり、一人分の食事に一シリング六ペンスかかったが、さらにビール、葡萄酒、ブランデー、パンチといった飲み物代を加えなくてはならない。飲み物の総額は、驚くことに、四ポンド一七シリング六ペンスに達し、これにポルト酒の一〇シリングが加わる。勘定書きは「壊れたグラス」[46]の代金六ペンスでさらに膨らむが、これは驚くにはあたらない。たとえ大したことのない役職であったとしても役職に就任することは、これを受けた者やその周辺の人びとからすれば、一大事件であったのである。一般に宴会の経費は、信心会や教区会、都市社団が支払った。シャルルヴィルでは、火縄銃大会の賞の授与は、つねに市庁舎でのレセプションをともなっていた。勝者の名前が正式に発表され、それが市当局記録に記載されたのは、このレセプションにおいてであった。[47]

ウィリアム・グレイは、こうした公的食事について几帳面に記録している。それは、歳をとるにつれていささか執拗になった。[48] 一七八二年のカンタベリー大司教の訪問時には、都市社団は参事会員には四回、市会員には二回、立食パーティの招待をおこなっている。

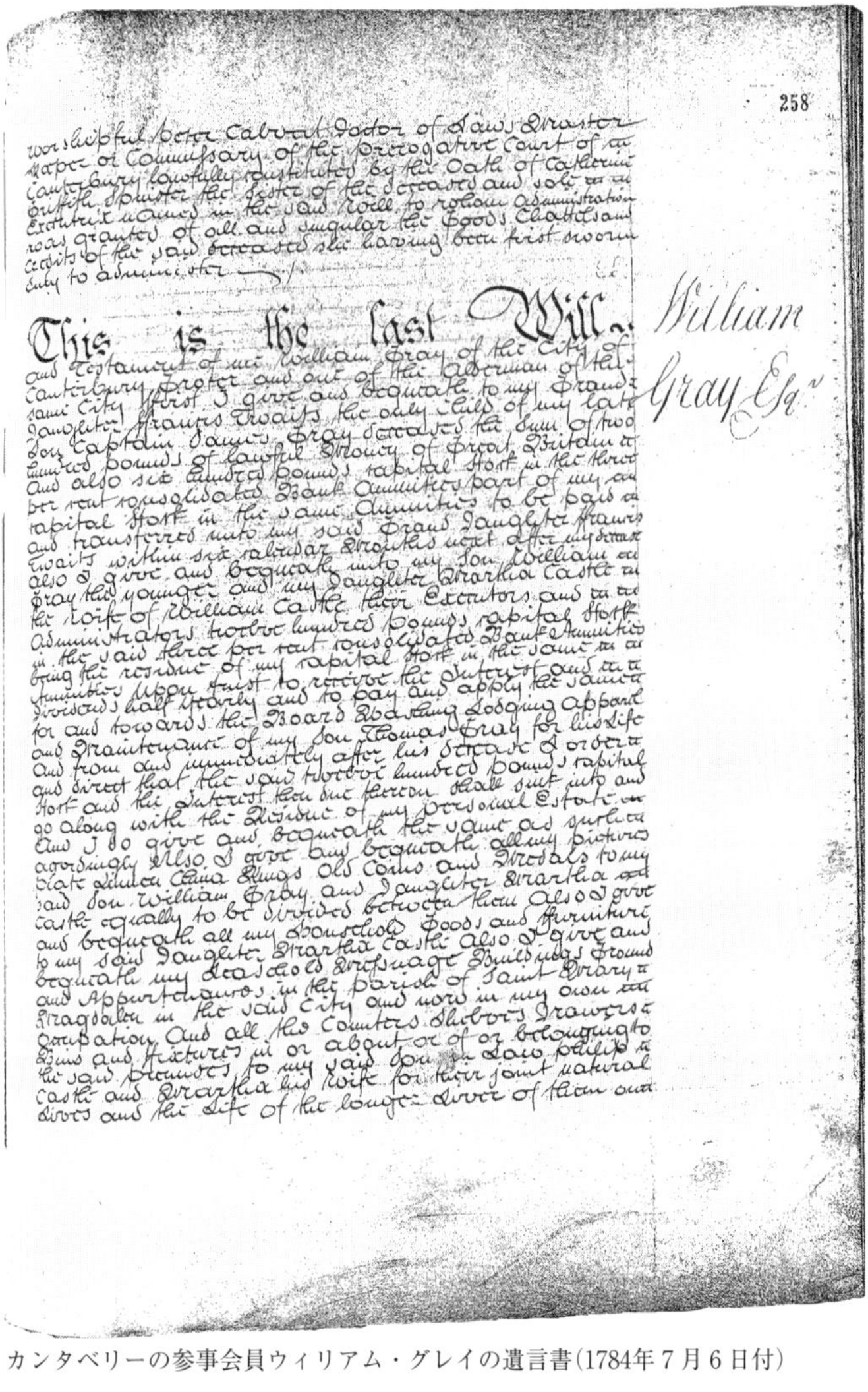

258

This is the last Will

William Gray Esq.

カンタベリーの参事会員ウィリアム・グレイの遺言書(1784年７月６日付)

The National Archieves, Prob 11/1120.

大司教猊下《げいか》がその場を離れるやいなや、「こうした場合、しばしば繰り返される無秩序や混乱を避けようとして」招待客はテーブルへと突進し、「たくさんの腹ぺこの動物のように果物やご馳走に殺到したので、当然取り分を主張できた多くの人びとが何も取らずに去らねばならなかった」[49]。あとからみると些末なことにみえるかもしれないが、そんなことはない。家具職人のトマス・ロックは、都市社団がカンタベリーの経済組織を支配していることに異議を唱えたが、彼はこの論争において次のような議論を展開し勝利した。すなわち、さまざまな同業組合代表がメンバーのお金で衒示的支出をおこなったことを告発したのである[50]。同様の議論は、フランスで同業組合の反対者が述べた一連の告発のなかにも見出せる[51]。地域の行政にかかわったミドリング・ソートの人びとは、多くの役職から物質的恩恵を引き出すことができたのである。その大半はささやかな役職であったが、保有者にとっては象徴的重要性を帯びていたことを認めなくてはならない。

政治的対立

中枢にある都市社団をはじめ都市の政治空間は、言葉の今日的意味で「政治」をおこなうこと、つまり公的行為の決定に影響を及ぼすことを願う者たちに開かれていた。イングランドにおけるトーリーとウィッグの対立のように、全体の利益をめぐるナショナルな分裂の影響が認められたが、同時に、より個別的な利益をめぐって地域に生まれた分断線の影響がみられることもある。それゆえ、把握は難しいが、一七五〇年代のカンタベリーの都市社団の只中に、ウィリアム・グレイが教えてくれた就任拒否や辞職を引き起こすような激しい政治対立があった、という可能性を排除することはできない[52]。

実際のところ、トマス・ロック事件や彼と抗争中であったカンタベリー市当局の特殊な状況が、都市社団からの人材流出に無視しがたい役割を果たしていたことは間違いない。トマス・ロックは、カンタベリー市当局に対する攻撃文書のなかで、この点をほのめかしてもいる[53]。一七六〇年代、七〇年代のニューカッスルにおいても、市当局は荒々しい対立の場となった。この対立をもたらした過激な反対勢力は、たとえば同業組合のような政治空間のいくつかの圏域に深く根ざし、ジョン・ウィルクスの掲げた理想に加えて、この町の市民が得てきた特権を擁護しようという意識を抱く人びとであった。この対立は、一七七〇年代初頭にタウン・ムーアの争いで最高潮に達した[54]。

同様にフランスでも、地方都市に複数の政治的な立場表明があったことを示す痕跡がある。ほとんどの地方都市の政治は、全体として無気力に侵されていたどころか、分裂が存在していた。中央権力や十九世紀の学者たちは、こうした分裂を、おそらく早まって私怨に帰したり、たんに地域の恩顧関係の回路の独占をめざす党派争いとみなしたりしてきた。中央権力がこうした見方をとったのは、それが彼らの利益にかなうからであり、他方、学者たちがこう考えたのは史料の欠如のゆえであった。実際のところ、対立する陣営に立つ「徒党」の背後には、全体利益をどのように理解するかをめぐる地域内の対立があることが多かった。ルネ・ファヴィエは、一七七〇年代の終りと八〇年代の初めに葡萄酒と肉への入市税増額をめぐって、ロマン市の都市役人たちとアントワーヌ・ド・ヴィリヴィルという代訴人が率いる一部民衆の長期にわたる対立を鮮やかに描いている。彼によると、この対立には、啓蒙主義の政治的理想が影響しており、とくに課税に反対する者たちのテクストにそうした主題がみられるという。55

政治参加の新たな動機

ル・マンのジャン゠バティスト・ルプランス・ダルドネの自伝は、人びとを政治参加に向かわせる新たな動機が十八世紀に出現したことを示唆している。彼は章の冒頭で次のように述べている。

これまで頼まれた公務のなかで、私の自尊心と好みをもっとも満たしてくれたのは、施療院の役員であった。私は、革命までの九年間、この務めに従事した。施療院の運営委員会からこのポストを引き受けるよう勧められた私は、三つの利点に恵まれた。すなわち、全員一致で選出されたこと、教養があって情熱にあふれ、完全に団結した仲間を得たこと、最後に貧者や病人への奉仕と救済という私の生来の関心を満足させえたことである。

ありきたりの一般的観念よりも、ここで用いられている以下のような言葉に注意をはらわなくてはならない。すなわち「私の自尊心を満たしてくれた」とか「私の生来の関心を満足させえた」といった言葉である。こうした言葉によって、彼が政治参加によって一層の名誉や社会的評価を人びとから得ることや、施療院の役員という務めから推察されるように、神に対して善行をおこなうことだけを願っていたのではないことがわかる。56 彼は、欲動とまではいわないにしろ、内的な渇望を満たそうとしていたのである。共同体への奉仕は、他者への尊敬に値する献身であるだけでなく、自分本来の個性を伸ばす流儀となっている。ダルドネという人間のさまざまな面にかかわる多様な公共的、あるいは準公共的世界への参加はずっと続いてきたものなのだが、そこに、個性を伸ばすという新たな流儀が入り込んでいるのである。

名誉や社会的評価の追求とは明らかに異なる態度が、ここにはあるように思われる。実際、名誉とは、他者関係のなかで特徴的に刻み込まれる財である。一九七八年のメルヴィン・ジェームズの先駆的論文以来[57]、イギリスの歴史家たちは名誉について多くの研究をおこなってきたが、フランスの歴史家は、たとえばニコル・カスタン、イヴ・カスタンの仕事があるとはいえ、このテーマについては後塵を拝してきた[58]。近年、シンシア・ヘラップは、以下のように名誉の両義性を再認識させてくれた。

近世の議論にみられるとおり、名誉とは単一の価値というよりも、一群の価値の集合体からの選択である。名誉とは、資質であると同時に産物であり、先天的なものであると同時に後天的な達成であり、自ら創出したものであると同時に賦与されたものであり、活動的であると同時に禁欲的である。名誉ある人とは、すぐに行動に移ることも、無関心でいることもできた。すぐに祈ることも自分でなんとかすることもできた。すぐに成功することも、野心をもたずにいることもできた。好戦的でいることも、平和を愛することもできた。博学であることも、凡人であることもできた。独立していることも、従順であることもできた。

結局のところ、ある行為が名誉を増すか失わせるかは、ヘラップが述べるとおり「狭い範囲に限定された」人びとの認識に左右された。名誉がなにか「永久にはかない」ものに変わったのは、それが外部に依存していたからである。[59]かくして、名誉という観念は、十八世紀の社会でも重要な価値でありつづけたが、紛れもなく十六〜十七世紀にもちえた包括的影響力はもはやなかった。[60]R・B・シューメーカーは、ロンドンにおいて侮辱や中傷を理由に裁判所に持ち込まれる事件が減少したことを証明しており、このことはイングランドではきわめて明白である。シューメーカーの考えるところでは、首都においてローカルな共同体がおこなっていた監視が緩んだため、名誉や評判と公衆による定義は、しだいに乖離していったという。それゆえ、彼は次のように結論づける。

この変化を、次のようなプロセスの一部として解釈することが有益かもしれない。すなわち、内的な「真の」自己によってアイデンティティが決定されるような、個人に関する近代的概念を生み出すプロセスの一部として、である。

ダルドネは公職に就くことに個人的な満足を表明しているが、この表明には、チャールズ・テイラーが強調した一つの変化の帰結を読み取ることができるだろう。それは、デカルトの著作に関連して述べた次のような変化である。

理性的制御の倫理は、その源泉を自らの尊厳と自尊心の感覚のうちに見出すがゆえに、名誉倫理の精神のいくばくかは内面へと位置転換する。もはや私たちは公的な場で名声を勝ち取るのではない。自らの目に映る自分自身の価値感覚を維持するために、私たちは行為するのである。[61]

「自己」の登場や、その時期についての論争[62]に立ち入らずとも、ダルドネの告白を、個の意識と「自己」の構成に起こった根本的な変容を示す史料群に加えることはできるだろう。また、なぜある個人は共同体の役職を担い、なぜ他の者は担わなかったかを理解する新たな手がかりを与えてくれるだろう。こうしたアプローチは、現代政治を専門に研究する社会学者と歴史学者に共通していることを指摘しておこう。[63]

啓蒙の世紀には、先祖の振舞いの模倣、名誉の追求、あるいはある地位のもたらす物質的利益などのほかに、権力行使における個人的充足の欲望、あるいはこうした欲望の意識が加わるのである。ほかにも多くのテクストを読むことで、こうした史料群はさらに豊かになるに違いない。[64] 十八世紀半ば以降には、フランスでもイングランドでも、地方団体や全国規模の団体に参加しようとする個人の願望が高まる。この願望の高まりと、権力の行使と個人的充足を求める現象を関連づけてみることは、魅力的な企てである。

1 以下の研究を参照されたい。François-Joseph Ruggiu, “Oligarchies et ascention sociale urbaine en France et en Angleterre du XVIe au XVIIIe siècle”, dans Guy Saupin (dir.), *Le pouvoir urbain dans l'Europe atlantique du XVIe au XVIIIe siècle*, Nantes, Ouest Editions, 2002, p.195–214. 本論文は、この論文の続編という性格をもつ。

2 ユーグ・ヌヴーの以下の検証を参考にした。Hugues Neveux, “Pouvoirs informels et réseaux familiaux dans les campagnes européennes au XVIe siècle”, *Actes de la Recherches en Sciences Sociales*, 96–97, 1993, p.67–79.

3 ここではマックス・ウェーバーの定義を想起されたい。「「権力」とは、或る社会的関係の内部で抵抗を排してまで自己の意志を貫徹するすべての可能性を意味し、この可能性が何に基づくかは問うところではない」(清水幾太郎訳『社会学の根本概念』岩波書店、一九七二年、八六頁)。

4 権力概念の広義の定義に比べると、ここでの権力概念が非常に狭いことは自覚している。広義の定義はたとえば以下のようなものである。「非対称的な社会関係のなかで個人に対してある支配力あるいは影響力を行使する力」(André Akoun et Pierre Ansart (dir.), *Dictionnaire de Sociologie*, Paris, Le Robert, Seuil, 1999, p.414)。

5 ここで問題とするのは、住民によって選ばれる地域の役職者たち(local office-holders)である。その形態はさまざまである。フランスにおける司法役人や税務役人のように官職の保有者や、イングランドにおける治安判事や州副長官のように王権に任命される役職者ではない。

6 フランスについては以下の先駆的研究を想起されたい。Jacques Maillard, *Le pouvoir municipal à Angers de 1657 à 1789*, Presses de l'Université d'Angers, 1984. マイヤールは、王権に対していまだ力を

もっていた都市当局と、教区の会議、同業者団体、民兵、慈善組織といった政治空間内の他の圏域との関係を二巻にわたって検討した。しかしながら、これは人間に関する調査ではなく、管轄領域の画定を目的とする制度史であった。ギ・ソパンはまた、ナントの都市当局に関する模範的研究において、都市社団と民兵の関係に一章を割いている。Guy Saupin, *Nantes au XVIIe siècle: Vie politique et société urbaine*, Presses Universitaires de Rennes, 1996, p.127–151.

7 「政治」という言葉の多義性についても自覚的でなければならない。しかしながら、とりわけハーバーマスが展開し、私的空間との対抗関係を前提とした公共空間という表現よりは、政治空間という表現を用いたい。この点については、以下の重要な研究を参照されたい。Keith Wrightson, "The Politics of the Parish in Early Modern England", in Paul Griffiths, Adam Fox and Steve Hindle (eds.), *The Experience of Authority in Early Modern England*, London, Macmillan, 1996, pp.10–46, p.11. ここでキース・ライトソンは、宗教史家のパトリック・コリンソンの考察から、ジョルジュ・バランディエがすでに『政治人類学』(Georges Balandier, *Anthropologie politique*, Paris, PUF, 1999〈1re édition, 1967〉)において強調した点にわれわれの注意を向けている。

まず「政治」(Politics)という言葉はいくつかの意味内容をもつ。このいくつかは、政治組織体(polity)と政策(policy)と政治(politics)を区別する英語によって示唆されている。現実に科学的危険を冒すこと無しに⑴人間社会の統治の組織態様、⑵公事の運営に協力する行動様式、⑶個人間、集団間の競争から生まれる戦略にかんすることを混同することは出来ないであろう〔中原喜一郎訳『政治人類学』合同出版、一九七一年、四五頁〕。

英語の politics という語が包摂するのは、この最後の意味である。ステファン・ジェトの以下の鮮やかな説明を参照されたい。Stéphane Jettot, “Influences croisées: L’usage du terme de politics dans l’histoire politique anglaise des Parlements (XVIIe–XVIIIe siècles)”, dans Jean-Philippe Genet et François-Joseph Ruggiu (dir.), *Les idées passent-elles la Manche?*, Paris, PUPS, 2007.

8 ミシェル・マンが以下の研究でおこなった分析をここに加えよう。「社会は、権力の社会＝空間的ネットワークの多様な重層と交差から構成されている」。Michael Mann, *The Sources of Social Power*, vol. I, *A History of Power from the Beginning to A. D. 1760*, Cambridge University Press, 1986, p.1.

また、すべての分析に与しないとはいえ、以下の重要な研究書も読まれたい。David Garrioch, *The Formation of the Parisian Bourgeoisie 1690–1830*, Harvard University Press, 1996.

9 アングロ・サクソンの歴史家たちは、とくにこの問題に敏感であった。イングランドの政治活動が参加型であることの意義とミドリング・ソート（中間層）の果たす役割については、とくに以下の研究で強調されている。Lee Davison, Tim Hitchcock, Tim Keirn and Robert B. Shoemaker, “Introduction”, in *Stilling the Grumbling Hive: The Response to the Social and Economic Problem in England, 1689–1750*, Stroud/New York, Allan Sutton and St Martin’s Press, 1992, p.xiv. 多くの個別研究があるが、とりわけ以下を参照されたい。Shani D’Cruze, “The Middling Sort in Eighteenth-Century Colchester: Independance Social Relations and the Community Broker”, in Jonathan Barry and Christopher Brooks (eds.), *The Middling Sort of People. Culture, Society and Politics in England, 1550–1800*, London, Macmillan, 1994, pp.181–207. 農村部については以下を参照のこと。Henry R. French, “Social Status, Localism and the ‘Middle Sort of People’ in England, 1620–1750”, *Past & Present*, 166, 2000, pp.66–99; Joan Kent, “The Rural ‘Middling Sort’ in Early Modern England, circa 1640–1740: Some Economic, Political and Socio-Cultural

Characteristics", *Rural History*, 10–1, 1999, pp.19–54.

10 こうした権力の基礎形態は、現在、多くの歴史家の関心を集めている。近年、*Revue d'Histoire Moderne et Contemporaine*, 49–3, 2002 に発表された以下の二編の論文はその証左である。Stéphane Gal, "Entre loyalisme et rébellion: les assemblées générales de la ville de Grenoble (1585–1598)", p.7–25; Harald Deceulaer et Marc Jacobs, "Les implications de la rue: droits, devoirs et conflits dans les quarties de Gand (XVIIe–XVIIIe siècles)", p.26–53. とくに後者は、危機のときではなく、権力の日常的行使の分析をおこなっている。都市の役職が、役職に就いた者すべてに同等の権力を与えたわけではない、というのは否定しがたい事実である。権力の度合いは、これを行使する個人の個性に左右されたし、もちろんのことその人物のもつ社会資本によっても左右された。アンシアン・レジームの政治システムにおいては、それほど人が役職を形づくったのである。このテーマについては、以下の重要な研究をあげておきたい。Jeremy Boulton, *Neighbourhood and Society: A London Suburb in the Seventeenth Century*, Cambridge University Press, 1987; Ian W. Archer, *The Pursuit of Stability: Social Relations in Elizabethan London*, Cambridge University Press, 1991. また最近の研究としては、Haim Burstin, *Une révolution à l'œuvre: le faubourg Saint-Marcel (1789–1794)*, Seyssel, Champ Vallon, 2005.

11 Archives municipales d'Amiens（以下 AMA と略記）, FF 956, 1749–1754, f.23 verso, f.27, f.38 verso, f.39, f.84 verso et f.85. ここで名前のあがっているのは一三の井戸である。デヴィッド・ガリオックも、ジャンセニズムの危機の中心であった十八世紀サン・メダール教区に関する研究のなかで、教区財産管理委員会とともにビエーブル川の水の利用を規制するための地域組織が果たした役割を明らかにしている。この組織の権限は、一六七八年の王令によって規定されており、サン・マルセル街区のしっかりした家に出自する総代たちによって監督されていた。D. Garrioch, 1996, pp.42–63. またフィリップ・ギネが研究したリールの「貧民監督官」(pauverieur) についても参照されたい。Philippe Guignet, *Vivre à Lille sous l'Ancien Régime*, Paris, Perrin, 1999, p.223.

12 フランスについては、現時点で、ロラン・コストが研究指導学位論文のために二〇〇七年に著した素晴らしい集大成がある。タイトルは以下のとおり。Laurent Coste, *Le lys et le chaperon: Les oligarchies municipales en France à l'époque moderne*. 重要な文献として以下も参照のこと。John T. Evans, *Seventeenth-Century Norwich: Politics, Religion and Government, 1620–1690*, Oxford, Clarendon Press, 1979; Peter Clark, "The Civic Leaders of Gloucesters, 1580–1800", in Peter Clark (ed.), *The Transformations of English Provincial Towns, 1600–1800*, London, Hutchinson, 1984, pp.311–345; Perry Gauci, *Politics and Society in Great Yarmouth 1660–1722*, Oxford, Clarendon Press, 1996; J. Maillard, 1984; Philippe Guignet, *Le pouvoir dans la ville au XVIIIe siècle: Pratiques, politiques, notabilité et éthique sociale de part et d'autre de la frontière franco-belge*, Paris, Edtions de l'EHESS, 1990; G. Saupin, 1996; Sylvie Mouysset, *Le pouvoir dans la bonne ville: Les consuls de Rodez sous l'Ancien Régime*, Rodez, Société des Lettres, Sciences et Arts de l'Aveyron, 2000.

13 「家系」観念とこれを用いるためにはらうべき配慮について論じたギ・ソパンの重要な研究に留意されたい。とりわけ以下を参照されたい。Guy Saupin, "Les oligarchies municipales en France sous l'Ancien Régime: réflexions méthodologiques sur l'analyse historique de leur reproduction à partir de l'exemple de Nantes", dans Claude Petitfrère (textes réunis et présentés par), *Construction, reproduction et représentation des patriciats urbains de l'Antiquité au XXe siècle*, Tours, CEHVI, 1999, p.95–112.

14 以下の重要な研究に依拠している。Robert Dahl, *Qui Gouverne?*, Paris, Almand Colin, 1971 (édition américaine, 1961).〔河村望・高橋和宏訳『統治するのはだれか――アメリカの一都市における民主主義と権力』行人社、一九八八年〕

15 John T. Evans, "The Decline of Oligarchy in Seventeenth-Century Norwich", *The Journal of British Studies*, XVI–1, 1974, p.56.

16 J. T. Evans, 1974, p.60.

17 J. T. Evans, 1979, passim.

18 カンタベリーは、この二つの時期のあいだに政治危機を経験しており、市長一名、書記一名、市参事会員一二名、市会員二四名からなる完全な都市社団を取り戻したのは、ようやく一七五七年のことである。

19 Richard M. Wunderli, "Evasion of the Office of Alderman in London, 1523–1672", *London Journal*, 15–1, 1990, pp.3–18.

20 Canterbury Cathedral Library（以後 CCL と略記）, CC Supplementary Mss no. 6 Alderman William Gray Notebook, f.324.

21 ここで例として取り上げたアブヴィル、アミアン、カンタベリー、シャルルヴィル、チェスター、ニューカッスル・アポン・タインの政治システムについては、以下のまとまった紹介を参照のこと。François-Joseph Ruggiu, *Les élites et les villes moyennes en France et en Angleterre (XVIIe et XVIIIe siècles)* Paris, L'Harmattan, 1997; *L'individu et la famille dans les sociétés urbaines anglaise et française au XVIIIe siècle*, Paris, PUPS, 2007.

22 CCL/CC Supplementary Mss no. 6 Alderman William Gray Notebook.

23 メンバーが少数である同職組合の役職については、議論の余地がある。持回りということもありえた。

24 Adrien Tillette de Clermont-Tonnerre, “Livre de raison d’un bourgeois d’Abbeville (XVIIIe siècle)”, *Bulletin de la Société d’Étude d’Abbeville*, 5, 1900–1902, p.143–164, 189–228, 233–247.

25 最近の研究は、とくに都市社団のメンバーが着用した衣服の問題に取り組み、近世について差異化の諸要素に関するわれわれの認識を刷新してくれた。これは、政治史家が長く看過してきた点である。とくに以下を参照されたい。*Vêture & pouvoir: XIIIe–XXe siècle*. Actes du colloque des 19 et 20 octobre 2001, Centre universitaire d’Albi, textes réunis par Chritine Aribaud et Sylvie Mouysset, Toulouse, CNRS, Université Toulouse-Le Mirail, 2003; Christine Lamarre, *Petites villes et fait urbain en France au XVIIIe siècle: Le cas bourguignon*, Dijon, Editions Universitaires de Dijon, 1993, p.432–434; Yann Lignereux, *Lyon et le Roi: De la “bonne ville” à l’absolutisme municipal (1594–1654)*, Seyssel, Champ Vallon, 2003, p.533–536; Sylvie Mouysset, “Rouge et noire, la robe fait le consul: L’example de Rodez aux XVIe et XVIIe siècles”, dans Denise Turrel (éd.), *Regards sur les sociétés modernes*, Tours, CEHVI, 1997, p.123–132; Denise Turrel, “La livrée de distinction: les costumes des magistrats municipaux dans les entrées royales des XVIe et XVIIe siècles”, dans C. Petitfrère, 1999, p.469–486.

26 デヴィッド・ガリオックによるサン・メダール教区の教会財産管理委員会の紹介を参照されたい。D. Garrioch. 1996, pp.42–62.

27 とくにピーター・ボルセーの示唆に富む論文を参照されたい。Peter Borsay, “All the Town’s Stage: Urban Ritual and Ceremony 1660–1800”, in Peter Clark (ed.), *The Transformation of the English Provincial*

Towns, London, Hutchinson, 1984, pp.228–258. 同様に、Christopher R. Friedrichs, *The Early Modern City*, London/New York, Longman, 1995, pp.246–252. また以下も参照のこと。Frank O'Gorman, "Campaing Rituals and Ceremonies: the Social Meanings of Elections in England 1780–1860", *Past & Present*, 135, 1992, pp.79–115. フランスについては、P. Guignet, 1999, p.362–370.

28 集団を対象としたものであれ、個人を対象としたものであれ、都市役職者の肖像画というジャンルは、パリ、ボルドー、リヨン、またトゥルーズなどの事例にみるように、フランスでは十七世紀から広まった。

29 Eaton Mss 7/2/12, 9 mai 1756. ここでご家族の私的文書の閲覧を許可してくださったウェストミンスター公爵のご厚意に心よりの感謝を記しておきたい。

30 John Brent, *Canterbury in the Olden Time*, London, Simpkin, Marshall, 1879, p.234.

31 ケイト・ウィルソンは、ニューカッスル・アポン・タインでみられ、彼女が「エリートの路上劇場」と呼んだ以下のような儀礼形態について詳述している。それは、ジョージ二世の戴冠式の際の祝祭や年に約三〇回も定期的に催された公的儀礼についてである。以下を参照のこと。Kate Wilson, *The Sense of the People: Politics, Culture and Imperialism in England, 1715–1785*, Cambridge University Press, 1995, p.295.

32 David Eastwood, *Gouvernement and Community in the English Provinces, 1700–1870*, London, Macmillan, 1997, p.64–.

33 とくにリールについて以下を参照されたい。P. Guignet, 1999, p.112–127, 413–428.

34 Albéric de Calonne, *Histoire de la ville d'Amiens*, 2 tomes, Amiens/Paris, Piteux frères et Picard, 1900, II, p.351. こうした態度は、アンジェの都市社団の構成員たち全体にもみられた。J. Maillard, 1984, I, p.46.

35 Y. Lignereux, 2003.

36 Robert Burn, LL. D., *The Justice of the Peace and Parish Officer*, London, A. Millar, 1756 (2nd ed.). これは八折判である。

37 八折判というこの大きさは、一般大衆向けの信心書にも繰り返し用いられたことを強調しておきたい。

38 パリについては、ニコラ・ドラマールの『ポリス提要』(Nicolas de La Mare, *Traité de la Police*, tome I, Paris, 1705) がつねに参照されていた。この本の「パリの都市役人の歴史と職務と特権、ならびにパリに関連する法と規則、加えてパリの歴史的・地誌学的描写」という副題は、パリの都市役人の名誉と、この著作全体の意義を明快に示している。

39 Jean-André Tournerie, "Les codes et traités d'administration municipale au XVIIIe siècle", dans *La charte de Beaumont et les franchises municipales entre Loire et Rhin*, Presse de l'Université de Nancy II, 1988, p.285–297. ここに次の重要な業績を追加しておきたい。Marie Louis Joseph de Boileau de Castelnau, *Recueil de règlements et recherches concernant la municipalité*, 4 vols., 1784–86.

40 William S. Holdsworth, *A History of English Law*, X, London, Methuen, 1938, p.154.

41 *A Memoir of Thomas Bewick written by himself*, ed. and introduction by Iain Blain, London, Oxford University Press, 1975, p.107.

42 リチャード・M・ワンダーリは、ロンドンについて以下のように記している。「もちろん、役職は物質的利益の点でも公的地位の点でも一定の利益をもたらした。……役職保持者は、低利、あるいは無利子で都市財政から借金をすることができた。都市の土地委員をとおして、自分に有利になるように都市の賃貸契約の多くに強大な影響力を行使した可能性がある」。Richard M. Wunderli, “Evasion of the Office of Alderman in London, 1523–1672”, *London Journal*, 15–1, 1990, pp.3–18, p.4.

43 とりわけ以下を参照のこと。D. Garrioch, 1996, pp.42–62.

44 CCL/U3/89/4/2, St. Mildred, Vestry minute book, 1738–1825.

45 フランスの都市役職者の宴会については、都市社団や地方三部会、ギルドのいずれに関しても、現在は多くの研究がおこなわれている。とりわけ以下を参照されたい。Philippe Meyzie, “La table de la jurade, haut-lieu de la gastronomonie bordelaise au XVIIIe siècle”, dans Annie Hubert et Michel Figeac (dir.), *La table et les ports: Cuisine et société à Bordeaux et dans les villes portuaires,* Presse Universitaires de Bordeaux, 2006; *Culture alimentaire et société dans le Sud-Ouest acquitain du XVIIIe au milieu du XIXe siècle*, doctorat nouveau régime, Université de Bordeaux III, 2005, p.208–225.

46 CCL/CC/JA/Ward Court/Westgate.

47 Michel Stévenin, “Société de jeunesse et activités festives dans les Ardennes: l’example de Charleville, XVIIe–XVIIIe siècles”, dans Sylvette Guilbert (dir.), *Fêtes et politiques en Champagne à travers les siècles*, Presses Universitaires de Nancy, 1992, p.95–110, p.97.

48 ロンドンの人びとの二つの慈善活動にかかわる公的食事については、以下の論文を参照されたい。Sarah Lloyd, “Pleasing Spectacles and Elegant Dinners: Convivality Benevolence and Charity Anniversaries in Eighteenth-Century London”, *Journal of British Studies*, 41–1, 2002, pp.23–57.

49 CCL/CC Supplementary Mss no. 6 Alderman William Gray Notebook, ff.368–369.

50 Thomas Roch, *Proceedings of the Corporation of C〔anterbury〕 Shewing the Abuse of Corporation*

Government, 1760.

51 Steven L. Kaplan, *La fin des corporations*, Paris, Fayard, 2001.

52 十八世紀についてはとくに以下を参照されたい。S. D'Cruze, 1994, p.199–203; P. Gauci, 1966, ch.3–7. 全国規模では以下を参照のこと。Nicholas Rogers, *Whigs and Cities: Populart Politics in the Age of Walpole and Pitt*, Oxford, Clarendon Press, 1989. この第三部は、ブリストルとノリッジを中心に地方に視点が据えられている。

53 T. Roch, 1760, p.1.「私たちの団体にはいることを拒否した有能な多くの人びとによって、私は今回の事件を理解した。彼らの忌避感はとても大きく、ここ二、三年で四〇名近い人びとが市会員や下院議員の名を避けようと科料を支払った」。

54 以下を参照のこと。K. Wilson, 1995, p.337; Thomas R. Knox, "Popular Politics and Provincial Radicalism: Newcastle upon Tyne, 1769–1785", *Albion*, 11, 1979, pp.224–241; "Wilkism and the Newcastle Eliection of 1774", *Durham University Journal*, LXXII, 1979, pp.23–37.

55 René Favier, "Les suites d'un Carnaval: pouvoir municipal confisqué, pouvoir municipal contesté à Romans au XVIIIe siècle", dans René Plessix et Jean-Pierre Poussou (dir.), *La vie politique et administrative des petites villes françaises du Moyen Age à nos jours, actes du colloqne de Mamers, décembre 1994*, Mamers, Société d'histoile des petites villes, 2004. このテキストの草稿を届けてくれたルネ・ファヴィエの好意に心からの感謝を捧げたい。

56 ジャン＝バティスト・ルプランス・ダルドネは、周囲の人物から宗教的召命によって導かれている人びとを完全に識別することができた。*Mémoire de J.-B.-H.-M. Le Prince d'Ardenay, avocat en Parlement. . .*,

Le Mans, Leguichaux-Gallienne, 1880.

57 Mervyn James, "English Politics and the Concept of Honour, 1485–1642", *Past & Present*, Supplément 3, 1978. 以下にも収録。*Society, Politics and Culture, Studies in Early Modern England*, Cambridge University Press 1986, pp.308–415.

58 同様に以下も参照のこと。Anthony J. Fletcher, "Honour, Reputation and Local Officeholding in Elizabethan and Stuart England", in Anthony J. Fletcher and John Stevenson, *Order and Disorder in Early Modern England*, Cambridge University Press, 1985, pp.92–115; Richard Cust, "Honour and Politics in Early Stuart England: the Case of Beaumont v. Hastings", *Past & Present*, 149, 1995, pp.57–94. 最後の論文のなかで以下のように再確認されている。名誉とは「農民のあいだの性的評判から貴族院での序列や上席権までのすべてを含みうる。すべてに共通するのは、人びとが自ら帰属していると感じている社会の視線によって評価される仕方を反映している、ということである。名誉とは、個々人の願望と社会の判断のあいだにある、ということができる」(pp.58–59)。

59 Cynthia Herrup, "'To Pluck Bright Honour from the Pale-Faced Moon': Gender and Honour in the Castlehaven Story", *Transactions of the Royal Historical Society*, Six Series, VI, 1996, pp.137–159, p.139.

60 Robert B. Shoemaker, "The Decline of Public Insulte in London, 1660–1800", *Past & Present*, 169, 2000, pp.97–131, p.129.

61 Charles Taylor, *Les sources du moi: La formation de l'identité moderne*, Paris, Seuil, 1998（英語版 1989）, p.204.〔下川潔・桜井徹・田中智彦訳『自我の源泉』名古屋大学出版会、二〇一〇年、一七八頁〕

62 この問題に関する出発点として、以下を参照されたい。François-Joseph Ruggiu, "L'utilisation de la

notion d'identité en histoire sociale", *Identité, appartenances, revendications identitaires, XVIe–XVIIe siècles*, Paris, Nolin, 2005, p.395–406; Dror Warhman, *The Making of the Modern Self: Identity and Culture in Eighteenth-Century England*, New Haven/London, Yale University Press, 2004.

63　ローカルなレベルの議論であるが、とくに以下を参照のこと。Philippe Garraud, *Profession: homme politique: La carrière politique des maires urbains*, Paris, L'Harmattan, Logiques Sociales, 1989. また同様に以下を参照のこと。Richard Balme, "L'action politique au quotidien: les conseillers municipaux dans deux communes françaises", dans Albert Mabileau, Goerges Moyser, Geraint Parry et Patrick Quantin (dir.), *Les citoyens et la politique locale: Comment participent les britanniques et les français*, Paris, Pedone, 1987, p.155–176.

64　書き手が別の気持ちでいたのか、あるいはただたんに自分の感情を書くには及ばないと思っていたのか、また最重要課題の書き方はどのようなものかについて、多くの史料は沈黙していることを指摘しておくべきであろう。ドーフィネの公証人ピエール゠フィリップ・カンディは、回顧録ではなく日記をつけていたのだが、一七八八年にクレミューの市庁舎で名士会への公証人代表に任命されたことに関して、その記述はきわめて簡潔であった(René Favier (éd.), *Pierre-Philippe Candy, Orgueil et narcissisme, Journal d'un notaire dauphinois au XVIIIe siècle*, Grenoble, P.U.G. 2006, p.462)。ファヴィエは、カンディの記述のこうした素っ気なさを、彼の人生に一貫し、とりわけ革命期にみられた政治的慎重さと結びつけている。

本論は、二〇〇二年に提出した以下の私の研究指導学位論文を発展させたものである。*Dynamique*

sociales, dyanamiques urbaines en Angleterre et en France au XVIIIe siècle. また本論は以下に最初に発表されている。“Der Gemeinschaft dienen? Politisches Engagement im englischen und französischen Provinzstädten im 18. Jarhundert”, im Ronald G. Asch und Dagmar Freist (hg.), *Staatsbildung als kultureller Prozess: Strukturwandel und Legitimation von Herrschaft in der Frühen Neuzeit*, Cologne, Böhlau Verlag, 2005, S. 91–116.

高澤紀恵 訳

大西洋貴族は存在するか
旧世界から新世界に渡ったフランスの第二身分

フランス植民地の貴族たち

ドミニコ会のジャン＝バティスト・ラバは、サン＝クリストフ島〈セント・キッツ島〉を訪れたときの印象をこう語っている。

この島は人びとが最初に住み着いた場所なので、住民は、他よりも時間をかけて「汚れ」を落とすことができた。彼らはとても洗練され、文明化されている。ヨーロッパ最高の都市でもこの島ほど洗練されてはいない。人びとは格言のように言ったものである。サン＝クリストフには貴族が、グアドループにはブルジョワが、マルティニクには兵士が、グレナダには農民がいる、と。[1]
こうした口調からわかるのは、十七世紀から十八世紀にかけて、フランス領アメリカに住み着いたり、滞在したりしたヨーロッパ人の脳裏に、いかに本国由来の図式が刻み込まれていたかということである。先程のラバの描写には、まさに社会地理学的とでもいうべき貴族概念が生じていたことがうかがえる。今回考えてみたいのはこのことである。文書館には、フランス植民地での貴族の存在を示す史料が豊富に残っており、こうした史料については、これまでの歴史研究でもずっと言及されてきた。しかし海外のフランス貴族が固有の研究テーマとして追求されたことはなかった。[2]とくに一九六〇年代、七〇年代のカナダの歴史家たちは、この問題についてしばしば政治色を帯びた論争を展開したが、それがより厳密な研究対象となったのはほんの最近である。[3]
小アンティル諸島、サン゠ドマング島、ルイジアナなどを研究する歴史家たちはもっと早くからこの問題に取り組んでいたが、彼らの考えによれば、フランス植民地の貴族は、本国の貴族と同じ役割は果たしていなかったということである。[4]ただ歴史家が植民地貴族を軽視する理由自体、複雑な表象の編み目のなかにすっかりはまり込んでわかりにくくなっているため、まずは、それを解きほぐしてやる必要がある。たとえばわれわれは、島嶼《とうしょ》部とルイジアナの植民地社会は、下層階級の出身者によって構成されていると思い込みがちである。さらに、北アメリカの広大な空間やさまざまな島に実際に接するうちに、ヨーロッパからきた人びとがおのずと均質化していったという考え方も、非常に根強かった。ヌーヴェル・フランス住民の精神的自立が頻繁に強調されたのもそのせいである。島嶼部では自由人の有色人種とアフリカ出身の奴隷が日常的に接触していたことから、それを前にしてはヨーロッパ人のあいだの差異もなくなったかにみえた。「人種」間の不平等があまりに深刻だったため、白人住民のあいだでは、「富裕な白人」と「貧しい白人」という貧富の差を乗り越えて、比較的平等な社会が現出したと思われたのである。したがって、現在にいたるまで、大西洋のフランス植民地の社会階層を理解するのに、ヨーロッパ的な貴族の概念が重要だとみなされなかったのも無理はない。しかし、大西洋空間のなかで、第二身分〔貴族〕の出身者は非常に多かったし、彼らがもたらした社会観念は一定の役割を果たしていたのである。そのことは、すでに二十世紀の初頭、文書館員のピエール・ド・ヴェシエールが確認している[5]。

本論考の目的は、こうした問題を最近の歴史学の成果に照らして再び開くことにある。二〇年ほど前から大西洋の歴史が刷新され、フランスの研究者もこの潮流に加わり始めていることからすれば、それも時宜を得た試みといえよう[6]。新しい大西洋の歴史は、とくに大西洋空間を相互に接続された全体とみなし、植民地ひとつひとつではなく、一体性をもつより広域的な地域圏のレベル、さらには大西洋全体のレベルで検討することを提唱している。したがってここでも、個々の植民地ではなく、北アメリカのフランス植民地、カリブの島々、ギアナ、そして大西洋空間と密接な関わりがあったインド洋の島々がつくる全体をみすえて分析していく。ヨーロッパの遺産と、植民地社会の母胎たるアメリカのダイナミックな動きとのあいだに存在した緊張関係に関する論争にも踏み込むつもりである[7]。

私は、フランスの大西洋空間を分かつ諸々の差異を過小評価しているわけではない。各植民地が形成された時期はそれぞれ異なっており、それが当然、ヨーロッパからやってきたさまざまな家族の歴史が繰り広げられる時系列的な奥行きに影響を及ぼす。各植民地の大きさ、養われている人口[8]、開発の仕方も異なる。たとえば、広大なヌーヴェル・フランスは農業志向であり、商業に由来する富（この場合は毛皮取引）は、マルティニク、グアドループ、サン＝ドマングの場合と違って莫大な築財の基礎とはならなかった。逆に、七年戦争前夜、ルイジアナ、ギアナ、ブルボン島（レユニオン島）はまだ開発が進んでいなかった。とはいえ、植民地間で共通する部分も多い。まず植民者は海軍省とその植民局の管理下にあ

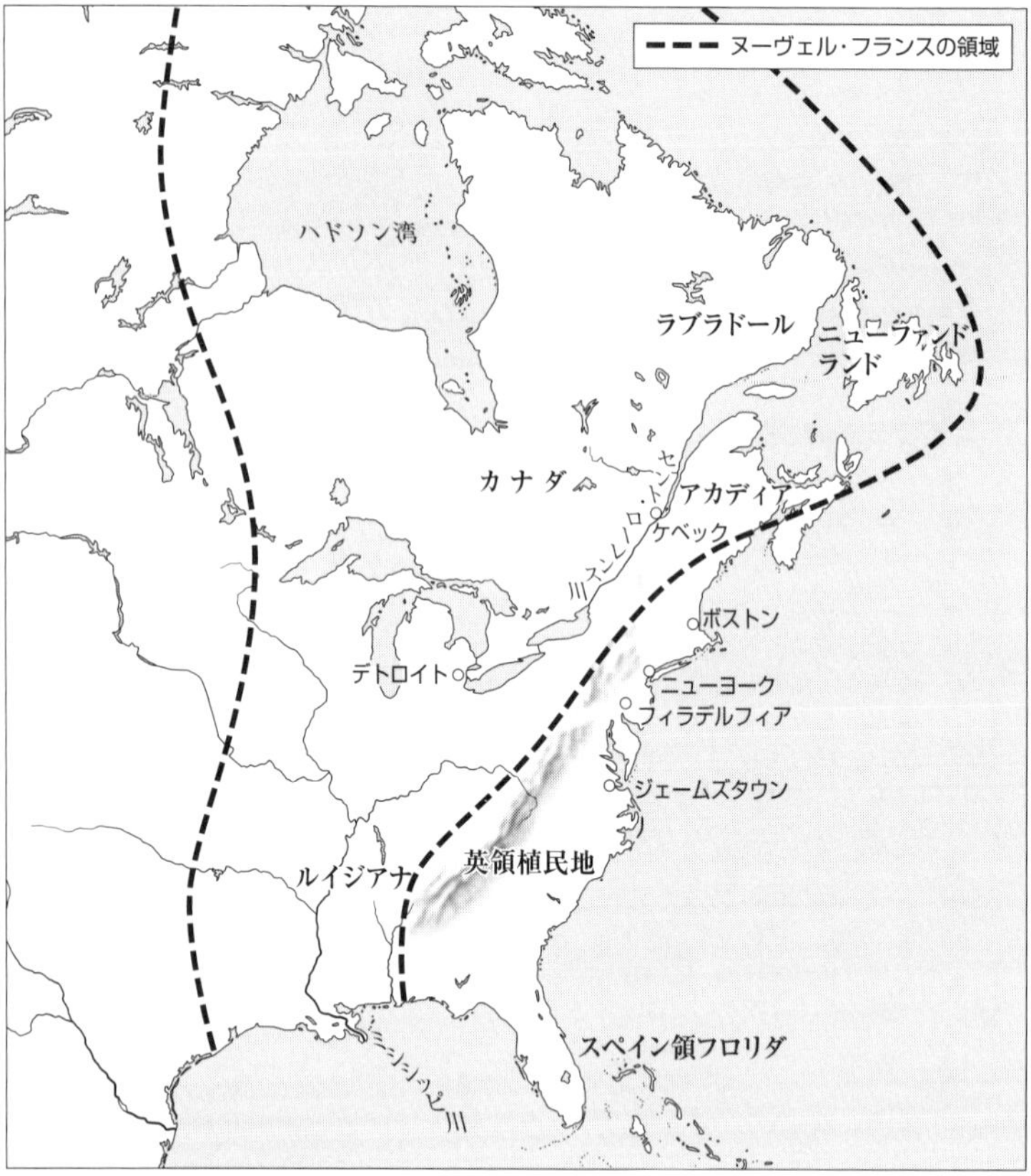

フランスの北アメリカ植民地

M.Trudal, ***Initiation à la Nouvelle France***, Montréal, Holt, Rinehart et Winston, 1968, p.79より作成。

フランスのカリブ植民地

り、その意味で単一の政治空間に包摂されていた。

次にヨーロッパ人とクレオール〔植民地生まれのヨーロッパ人〕からなる支配者層の富は、おもに土地によってもたらされた。というのも、小アンティル諸島を除いて、土地を耕作させる手段がある限り、つまり必要な労働力〔ほとんどのところでは奴隷〕を確保している限り、新参者にとって土地はかなり利用しやすい資産だったからである。したがってそうした支配者層は、実際にそこに住んでいる場合には所有地を自ら開発し、もしくはそうでなくとも予期せぬ気候変動〔とくに島嶼部において〕や国際情勢〔とくに紛争時〕に大きく左右される資本と収入を縦横に用いて、土地と独自の関係を結んでいた。

さらに、十八世紀において、本国にとってこうした植民地は、アメリカ先住民の圧迫にさらされる場所というより、他のヨーロッパ諸国の圧迫を受ける辺境の軍事的最前線だったということも共通点としてあげられる。そこで本論考では、植民地の貴族が本国の貴族と同じ特徴を有していたかどうか、まずは検討してみたいと思う。それにより、植民地社会の性質そのものについて広く考察することになるだろう。そこで、海を越えたフランスの貴族集団の出自をたどり、そのうえで海外領土に定住したフランス貴族の植民地的性格と王権との関係を検討する。そして最後に、これら貴族家門を大西洋という尺度で考察する。

フランス領アメリカにおける貴族家門の創設者は、相互に関連する三つのグループに分けることができる。まず一つ目のグループであるが、それはこのなかでも少数派で、本国からやってきたか、植民地に生まれたフランス人が、植民地で貴族に叙任されたケースである。植民地で貴族に叙任される方法は、本国とは異なっていた。その理由としてとくにあげられるのは、植民地には、自動的に貴族身分が付随する官職がなかったことである。[9] 高等評定院(もしくは最高評定院)の評定官は実際、王に任命されていた。たしかに評定官のなかには、つねに公然というわけではなかったが、その地位を利用して貴族身分の獲得に向けて有利にことを進める者もあった。それでもこの官職に就いたからといって自動的に貴族にはなれなかった。一七〇九年、三〇年、四五年、マルティニクの主席検事と評定官が、自分たちの官職と相続可能な貴族身分を結びつけるために、高等評定院の創設を命じる一六六四年王令の曖昧な文言を楯にとったことがあった。ただ一七四五年に三代続く評定官のジャン＝バティスト・モネルが総督と地方長官によって貴族と認められた例などはあったものの、王権はこうした恩恵を拒否していた。[10] しかし、おそらく七年戦争の敗北による地政学的環境の変化を考えてのことであろう。一七六八年二月になってようやく、本国に倣って、植民地の評定官と主席検事に一代限りの貴族身分と漸進昇進型の貴族身分が与えられることになった。イギリスへのカナダ譲渡以前、カナダの評定官も同様の路線をめざしていたが、その目的は達成できなかった。

官職による貴族身分獲得の機会がなかったため、第二身分にはいる唯一の道は、王から貴族叙任状を交付してもらうことであった。本国の最高諸院付の国王秘書官職や一六九六年に売り出された二〇〇通の貴族叙任状の一つを買えた者もいたが、事情は変わらない。エミール・アヨは、マルティニクにおける二七件の貴族叙任を確認している。そのうち、一六件がクレオールである。さらにサン＝ドマングでは二一名、グアドループでも一二名の植民者が貴族に叙されたことがわかっている。[11] カナダで貴族になったのは一一名もしくは一二名である。叙任状が与えられた時期は植民地によって異なる。たとえばカナダで一一名が貴族に叙任されたのは一七一六年以前のことであるが、なぜこの時期にこうした決定がなされたのかはよくわかっていない。マルティニクにおける貴族叙任の流れは、一部の植民地エリートがかかわった一七一七年のガウレの反乱まではかなり持続していた。この反乱によって、王権はマルティニク人を貴族にするのを拒んだようだ。その後この傾向は少しずつ回復していった。とくにイギリスによる占拠後にはそれが強く、忠誠心の確保を狙って、二七名の貴族叙任者のうち、一六名が一七六二年から八七年までのあいだに貴族に任じられている。

二つ目のグループは、大西洋を越えてやってきた貴族の子弟からなる。そのなかには、次男、三男という出自、もしくはもともとの家産の少なさからくる相対的貧困から海を渡った者たちもいたが、大部分は役人として、もしくは連隊や海軍駐在部隊の士官として出向した貴族が先導者となった。彼らはアメリカの大陸や島々を訪れ、結婚し(相手はクレオールのこともあれば、未亡人のこともあり、さらには平民のこともあった)、もしフランスでよりよい地位が得られなければ、ヌーヴェル・フランスの一領主か島の大土地所有者として定住するのである。彼らの貴族としての地位はときにかなりしっかりと根づいた。口うるさいベルナール・シェランでさえ、クラパード伯爵の称号をもつジルベール・ド・ヴォワザン・ド・ロエアックの祖先については文句がいえなかったほどである[12]。彼らは「高貴な人物、思慮深い主人であったジャン・ジルベール」の子孫であったのだ。ジャンは一四八三年にパリ会計院監督官になり、八七年以前には国王秘書官になった。なお、それによりロエアック伯爵夫人は宮中に参内することができた。

他の貴族たちの家柄はもっと新しかったが、王権にとっては同じくらい筋目正しい家系であった。たとえば、グルノーブル出身のジョゼフ＝クロード・ラビは、一七七〇年にサン＝ドマングの高等評定院に爵位の登録を要請している。彼の父親は国王秘書官であり、さらに一七五八年から死亡する六九年までドーフィネ会計院の書記長を務めていた。しかし、このグループに属する人びとの貴族身分はしばしば疑いの目でみられた。とくに家系の初代が十七世紀後半の「貴族改め」で貴族身分の主張が認められる直前に植民地にやってきた場合がそうである。そのとき、これらの家門は三番目のグループに近づく。

第三のグループを構成するのは、海外領土でのキャリアを積むことで比較的容易に当地の第二身分に入り込んだ平民の子孫である。たとえば、祖父がアイルランドの海賊であったというジャン＝バティスト・ドロマンは、一七〇六年にブルボン島にやってきて、十八世紀後半に平貴族になることができた。系図調査官は、役職の獲得や宮廷での体面のためだと懇願されて、うっかり外にもれた一族の伝承を握りつぶしたりしたものだった。サン＝クリストフ、次いでマルティニクへと移動した武門の家であるラグアリーグ家は、さんざん努力をしたものの植民地の内部でしか認められなかった貴族の典型的な例である。[13]

そのとき植民地は、百年戦争後にフランス貴族を再建した際の黙約的な貴族叙任という旧式の方法(コルベールの貴族改めのあとにはある程度消滅)も用いられる新旧入り混じる地帯となる。貴族概念という考え方そのものが植民地に何をもたらしたのかについては、のちにふれることとしよう。いずれにせよ、十八世紀の只中に貴族の階梯を昇ることは結局、海外の貴族に独特の様相をもたらした。それはともに白人支配層に属する貴族と平民の結婚が頻繁になることで強化されていった。

ジョゼフ＝クロード・ラビの肖像画(作者不詳の油彩画)「ラビ・ダメリック」(アメリカのラビ)とも呼ばれた。グルノーブルの大商人で，サン＝ドマングで富を築いた。

ドーフィネ美術館，cote D 67.1.37.

多くの人が貴族叙任状を求め、多少とも疑わしいものもあったのに爵位を獲得する努力をしたことからして、「貴族」が、操作可能な社会的指標であったことがわかる。だが海外での貴族の性質は、本国と同じだったのだろうか。実際、貴族身分に付随する特権は海外ではわずかだったようだ。たとえば本国の貴族は平民の明白な印であった人的タイユ税〔平民に課された直接税〕を免除されていたが、タイユ税はそもそもヌーヴェル・フランスでも島嶼部でも徴収されたことはなかった。ヌーヴェル・フランスには、十七世紀後半に創設されたカピタシオン税〔あらゆる身分に課された人頭税〕も導入されなかった。これは本国では平民だけでなく、別枠で頭数に入れられた貴族にも課された税である。ヴァン諸島〔ウィンドワード諸島〕には奴隷に課されるカピタシオン税があり、貴族身分をもつ限りはそれを免除されたが、実際に免除されたのは一二名にすぎなかった。つまり植民地では、自分が貴族だといっても経済的な利益はほとんど〔ヌーヴェル・フランスの場合はまったく〕なかったのである。王権や地域社会が、貴族を名乗る人びとを本国ほど厳しく取り締まらなかったのもそのためである。

たとえ人びとが貴族になることを望んだり、そのせいで争いが起こるようなことがあったとしても（植民地当局は一貫してそうした争いを解決しようとした）[14]、植民地では実際には貴族身分に付随した名誉特権もあまりなかった[15]。たとえば、爵位の上下関係は明確に定まっていなかった。爵位貴族、つまり男爵、子爵、伯爵、公爵といった称号が、王権が正式に封土と認めた土地と結びついている貴族は、存在は確認はされているもののごくわずかであった。結局のところ、王権は植民地の貴族からこうしたわずかな特権を取り上げようと目論んだようである。それはヴァン諸島の民兵に関する一七六八年九月一日の王令からもうかがい知ることができる。この王令では、爵位が登録されている貴族で民兵の指揮官でない者、とくに彼らのためにつくられた陪臣貴族部隊での奉仕を拒否した者は、特権を無条件に剝奪すると規定されている[16]。

　加えて、植民地の貴族は本国の貴族に課されていた制約のいくつかを免れていた。とくに貴族身分喪失規定である。一六三五年二月のアメリカ諸島（アンティル諸島）会社設立の際の王令は、当団体への加入がなんら「貴族としての身分に属する事物、その地位、特権、恩典」を損なうものではないと明記している。また一六六九年八月のコルベールの王令はすでにフランスの貴族に卸売業への参入を許可していたが、八四年四月十五日に出された王令は、植民地の貴族が、卸売だけでなく、小売業に従事しても貴族身分を喪失しないと定めている。ヌーヴェル・フランスでは、植民地の貴族は可能性さえあれば進んで毛皮交易に従事した。カナダに定住した貴族のなかには所領をもつ者もいたが、島嶼部においては、役所や軍隊に勤めながら大農園を経営していた貴族もいた。それでも彼らは貴族身分を喪失することはなかった。

とはいえ、身体を使った労働は貴族には禁止されたままだった。それはセバスチャン・ルネ・ド・プルプリが確認している。彼はブルターニュの古い貴族の出身で、一六六九年にサン゠ドマングに着いたとき、慎重を期して偽名を使用しながら明らかに石工の仕事をしていた人物である。彼が一七四〇年代初頭にカプの高等評定院に爵位の登録をしようとしたとき、首席検事から異議申立てにあい、続けざまに二つの調査を受けることになった。その調査で貴族身分喪失の証言が審理されたが、結局は取るに足らぬこととの結論にいたった。称号管理局に保存されているその報告書によれば、最終的にはブルターニュ特有の「眠っている貴族身分」という観念と、プルプリの領主が偽名を使って仕事をしていた事実に基づくその場しのぎの便法とを結びつけて解決がはかられたことがわかる。

さらに、植民地の貴族には、本国の財産相続規定が適用されなかったようである。たとえばコルベールによってフランス植民地の共通法とされた比較的平等主義的なパリ慣習法の規定は、貴族の家門にも同様に適用されている。[17] しかしながら、レオ・エリザベスによれば、マルティニクでは十七世紀末以降「書類のうえでのみ遺産を分割する習慣が広がったため、一種の長子権が確立」し、それが身分の区別なく大農園の経営者に適用された。[18] こうして家族の財産が長子に売却されていった。本国と植民地での貴族の権利行使のありようの差は大きく、それが植民地において貴族と平民の差を消失させたのである。

王権の曖昧な態度

フランス王権は、植民地の貴族にいかなる態度をとるべきか、迷っていたふしがある。その後王権は貴族身分承認の条件を急いで定めた。それによれば、家長は管轄の高等評定院または最高評定院に爵位の届け出をしなければならない。さらに、新しく貴族になった者、またもともと貴族であった者(こちらは稀な例であるが)が、その所有地を封土に格上げされると、管轄の評定院に身分の正当性を証明する書類を提出する必要がある。したがって、植民地の貴族は基本的にはこれらの手続きをおこなった貴族家門によって構成されるようになった。こうした手続きを踏むことによって、彼らは評定院だけでなく、総督や地方長官、さらには王権の管理下におかれたのである。[19]

王権は植民地の第二身分のリストを送るよう要求することもできた。ヌーヴェル・フランスの場合、そのような要求があったことが一七四三年以降の文書で確認できる。そこには「カナダ在住の貴族に対して、国王陛下から叙任状、爵位、その他身分を証明する証書を授けられ、そのすべてが評定院に登録されている者の氏名」とある。十八世紀末には王権は、「フランス植民地における貴族叙任および、植民地住民がなすべき王国における貴族証明に関する王令形式の国王封印証書」が示すように、貴族身分に関する植民地の特殊な状況を認めるにいたる。一七八二年八月二十四日にヴェルサイユにて公布されたこの証書により、士官学校の入学に必要な貴族身分の証明書の提示が簡略化された。

十七世紀半ば以降、王権は正真正銘の植民地貴族をつくる試みさえおこなっている。一六四二年三月の王令では、アメリカ諸島会社の出資者に「四通の貴族証明書を交付」する国王特権なみの権限が与えられた。この証明書は「当人の出費で、当会社の名のもとに前記諸島に占拠・居住し、さらに最低でも五〇人の家士を従え、二年間は滞在する予定の者たちのために会社が自由に利用できる」ものとされた。ルイ十四世の親政開始から数十年のあいだ、王の支配下にはいった植民地の地方長官は、王権に対する個々人の要請をはるかに超える数の貴族をつくろうとしたようである。一六六七年、ヌーヴェル・フランスの地方長官ジャン・タロンは、白紙の貴族叙任状を八通送るよう申し入れている[20]。植民地最良の臣民であると彼が判断した者の名をそこに書き込むためである。ヴァン諸島では、一六八〇年に総督のシャルル・ド・クールボンが、次いでジャン・タロンの秘書であった地方長官のジャン゠バティスト・パトゥレが、同じような請願をおこなった。貴族身分を与えることでもっとも活動的な人びとを植民地に根づかせ、王に対する忠誠心を涵養しうると考えたからである。

一七一〇年、ヴァン諸島総督がジェローム・ポンシャルトランに送った報告書では、「もっとも豊かな者たちを島に定住させ、引き止めるために、サン゠ミッシェル勲章とと

ボーポール(カナダ)領主アントワーヌ・ジュシュロー・デュシェネの肖像画(フランソワ・バイエルジェ作，1782-84年頃)　祖先が17世紀にヌーヴェル・フランスに定住し，ルイ14世に貴族身分を与えられた。一族はカナダがイギリスの手に渡ったのちもそこに住みつづけた。

カナダ国立美術館，no. 38248.

もに貴族叙任状によって彼らに名誉を与える」可能性さえ示唆されている。一七一八年、今度はルイジアナの植民者たちが「フランスの栄光のために財産と生命を」真っ先に「投げ打つ」者たちが貴族叙任状と所領を受けるべきであると要求した。王権はこうした植民地貴族の創設の要求には応えなかったが、それは、このように名誉が与えられた臣民の利用価値が減じる恐れがあったからである。王権は、貴族に反乱の温床を見出した総督たち（ヌーヴェル・フランスのジャック＝ルネ・ド・ブリゼイ・ド・ドノンヴィル総督、一七一七年から二七年にヴァン諸島総督を務めたフキエール侯爵イザック・ド・パなど）の路線に従ったのである。一七一八年、フキエール侯爵は、少なくとも一時的にでも、ヴァン諸島の貴族を当局の管轄下にある、総督の権威に服従すべき普通の住民とみなすよう提案するまでにいたった。

実際、王権は、行政上の決定に影響を及ぼしかねない貴族社団の創設を奨励しようとはしなかったようである。たしかに、この政策には揺れがあった。一六七二年、総督のルイ・ド・ブアド・ド・フロンテナックは、ヌーヴェル・フランスに到着した際、三身分（聖職者・貴族・平民）に忠誠の誓いをおこなわせたことで、コルベールから叱責された。コルベールによれば、全国三部会の記憶は消されなければいけないのである。一六六五年、マルティニクに到着した総督プルヴィル・ド・トラシも王国の三身分と高等評定院のメンバーに宣誓させたが、これは習慣となり、総督補佐官が新たに就任するたびにおこなわれるようになった。一七一六年、ヌーヴェル・フランス総督フィリップ・ド・リゴー・ド・ヴォドルイユは、新国王の誕生にあたって植民地の三身分に宣誓をさせるべきかを自問しているが、それはこの問題がまだ解決していなかったことを示している。ヴァン諸島の貴族が、民兵隊という枠組みにおいてのみであるが、一個の社団として組織化されたのは一七六八年九月の王令によって、つまり随分あとになってのことであった[21]。

社団として海外の貴族は、本国のペイ・デタと呼ばれる地域の地方三部会と同じような役割を果たすことは決してなかった。さらに王権は、海外の貴族の存在そのものさえ何度も否定しようとしたようにみえる。たとえばヴァン総督のエミリアン・プティは、エヌリー伯爵宛の海事大臣の手紙を引合いに出し、植民地貴族と本国の貴族が身分的に対等だとしても、条件が違うのだから同じ特権を主張しえないと述べている。彼によれば、「植民地貴族の第一の資格は、植民者としての資格である。植民地においては普通の住民が武装権をもつという原則があるため、貴族は民兵隊での奉仕を免除されない」。一七七七年に、総督のブイエ侯爵クロード・フランソワ・アムール・ド・シャリオルと地方長官フィリップ・アタナス・タシェに与えられた訓令に、同種の考え方を見て取ることができる。

貴族概念の民主化

王権の目には、海外の貴族は実際に社会の他の集団から分離した集団をなしているようにはみえなかった。というのも、本国にとって辺境の軍事的最前線ともいえる海外植民地において民兵隊での奉仕はきわめて重要であったため、身分間の区別が一層不明瞭になったからである。たとえば、十七世紀、おそらく民兵隊内部の地位は貴族にも平民にも付与されていた。つまり全員が脇に刀を差していたのであり、そのためフランス貴族の戦士のエートスも内面化されていたと思われる。したがって、バース総督が公布した一六七一年二月の王令が、人頭税の免除の点に関して民兵隊長と貴族を同一に論じているのも不思議ではない[22]。民兵隊の指揮官に好んで貴族をあてる傾向が徐々にあらわれたのは、十八世紀初頭以降のことにすぎない。

だがいずれにせよ植民地エリートにとって、彼らの憧れた貴族身分とは、民兵隊における最高位や、まさに民兵隊での奉仕によって授与されるサン＝ルイ勲章などの定義しづらい名誉や称号の全体のことであり、それは王権が水平線の彼方の臣民の忠誠心を維持するために一種の恩恵として与えたものである。つまり本国のほとんどの貴族がいまだ一個の身分概念に固執し、身分概念そのものが含意するように社会の他の集団から分離しているのに対して、海外の貴族はもはやこうした本国の貴族とは異なった存在だったのである。

一七二五年の日付がはいったあるカナダの覚書（著者はジャン・ボベ神父とされている）には、こうした考え方が如実にあらわれている。この覚書は「西海」の発見を奨励すべくある提案をおこなっているが、それによると、王は、「自らの出費で」それを発見した幸運な探検家に対し、「もしその人物が貴族でない場合は貴族身分」、隊長叙任状、サン＝ルイ勲章、「西海」沿岸一〇平方リューの土地等々を授与する旨、植民地に公布すべきであるとされる。さらに王は、その朋友に「身分と功績に応じて、貴族叙任状、サン＝ルイ勲章、各種役職の叙任状などの報奨」を約束すべきであるという提案もされている。修辞学でいうところの同じような漸層法は、グアドループの首席検事ジャック・ジェルマン・コキーユ（のちに貴族叙任状を付与されている）にもみられる。彼が一七六三年に述べるところでは「クレオールは私利私欲によってではなく、委任状、認可状、叙任状、見栄えのする制服などを与えられること、つまり名誉によって突き動かされるのである。……彼らはいざというときに頼りになる立派な軍隊をなすだろう[23]」。これらの事例にはっきりあらわれているように、貴族身分は、ある目的に達するための手段として用いられている。そこからわかるのは、海外における貴族身分とは、ある身分団体に所属する印というより、地域社会から分離させることなく、その身分の保持者に大きな名誉をもたらす報奨だったということである[24]。

この同じ論理が、島の大農園主による貴族身分の要求に多く用いられている。マルティニクのリヴィエール・ピロットに住むフランソワ・ロランは、居住街区の民兵隊長であり、息子の一人が高等評定院に、残りの二人が近衛騎兵隊に勤めていた。その彼が、晩年に総督のフランソワ・ド・ボーアルネに「貴族の称号やサン゠ルイ勲章などの報奨」を要求したのである。この事例について論じているアヨによれば、まさにそこから、この差異化をもたらす二種類の栄誉がフランソワ・ロランにとって同等の価値をもっていたことがわかる[25]。その意味で、カナダの住民も島嶼部の住民も、貴族概念それ自体を俎上にのせた十八世紀の理論的考察のいくつかと同じ位相で思考していたといえる[26]。彼ら植民地住民は、名誉の配分における「民主化」の実質的な先駆けなのである。

チェーザレ・ベッカリーアやジュゼッペ・コラーニなどの思想家たちを理論的支柱とするこうした「民主化」こそ、オリヴィエ・イルの素晴らしい研究から言葉を借りれば、のちに「徽章、コンクールの賞、その他名誉を競う対抗意識のインフレ現象」を差配するようになる原理であった。これは十九世紀に特徴的な現象であったが、その筆頭にくるのが、まさにナポレオン・ボナパルトの創設になるレジヨン・ドヌール勲章にほかならない[27]。し

Antoine-Marie d'Hozier-de-Sérigny, Chevalier, Juge d'Armes [illegible] de France, Chevalier Grand-Croix honoraire de l'Ordre Royal de S.t Maurice de Sardaigne.

Vû les Lettres Patentes en forme de Charte données par le Roi à Versailles au mois de Janvier [illegible] mil sept cent soixante-quatorze, signées Louis et sur le repli Par le Roi [illegible] anobli les S.rs Jean-Baptiste-Saal et Charles-François Jaham des Fontaines [illegible] Grenadiers des Milices de la Martinique, ensemble leurs enfants et postérité, tant mâles que femelles, nés et à naître en légitime mariage.

Nous, en vertu de la clause énoncée dans les dites Lettres, qui permet auxdits S.rs Jaham des Fontaines et à leurs enfants, postérité et descendants, de porter des Armoiries timbrées telles qu'elles seront réglées par Nous comme Juge d'Armes de la Noblesse de France, [illegible] qu'elles seront [illegible] dans les dites Lettres, auxquelles notre Acte de Réglement sera attaché [illegible] sous le Contrescel de la Chancellerie, conformément à l'Arrêt du Conseil du 9 Mars 1706, avons [illegible] pour leurs Armoiries un Ecu de Gueules à une Fasce d'Argent accompagnée de [illegible] trois Etoiles de même posées deux en chef et l'autre à la pointe de l'Ecu [illegible] d'un Casque de profil [illegible] de ses Lambrequins d'Argent et de Gueules. Et afin que le présent Réglement [illegible] puisse servir aux dits S.rs Jaham des Fontaines et à leurs enfants et postérité nés et à naître en légitime mariage, tant qu'ils vivront noblement et ne feront aucun acte de dérogeance, Nous l'avons compris dans les Registres des Anoblissements après l'avoir signé et fait contresigner par notre Secrétaire qui y a apposé le Sceau de nos Armes; le tout sans préjudice du droit d'autrui. A Paris le lundi vingt-sixième jour du mois de Septembre de l'an mil sept cent soixante-quatorze.

d'Hozier de Sérigny

Par Monsieur le Juge d'Armes de la Noblesse de France

Réglement d'Armoiries pour les S.rs Jean-Baptiste-Saal et Charles-François Jaham des Fontaines [illegible] Septembre 1774.

1714年，ルイ14世に貴族身分を与えられたマルティニクのジャム家の紋章

マルティニクのデュブック城跡　1720年頃，ルイ・デュブック・ド・ガリオンによって建設された。

上：著者（ルッジウ）提供。
下：著者撮影。

たがって、大西洋のフランス植民地を支配していたある特定の社会状況が、そこに住むフランス貴族に実質的な影響を与えたのである。彼らは等しく、空間と独自の関係を取り結んでいたのであった。

大西洋貴族は存在するか

十八世紀には、非常に貧しい貴族は除き、フランス王国の大部分の貴族家門はきわめて流動的であった。とくに軍の士官になると配属移転や従軍によってつねに移動していたし、ほかにも、たいていは家長の仕事の関係で、とりわけ役人である場合の都市での生活と、それ以外の田舎での生活を行ったり来たりしていた家族もある。[28] さらに、貴族のなかには宮廷と首都をよく訪れる者たちもいた。つまり彼らは田舎の人間関係と王権の政治的・文化的中心との媒介者としての役割を果たしていたのであり、それによって貴族は全国的な存在となった。他方、植民地の貴族は、フランスがいかに広くともそのような陸の王国の尺度ではなく、巨大な海洋という尺度で思考しなければならなかったが、それを除けば彼らとて事情は同じである。海外の貴族だけでなく、植民地で働いていた行政・軍事エリートに関してさえプロソポグラフィーの研究が存在しないため、[29] 大西洋全体にまたがる貴族の移動を跡づけることは難しい。彼らのほとんどは、最終的には一箇所の植民地に結びついていたようにみえる。というのも、彼らがそこで育んだ経歴は、実際には結婚と不動産の取得、もしくは、結婚かそれとも不動産の取得のいずれかとの関連で形成されていたため、潜在的には存在していたはずの将来の流動性を妨げてしまうからである。

疑いもなく、真に大西洋全体のレベルで移動した貴族もいた。たとえば、カリニャン連隊の士官を務めたジャック・ド・シャンブリーがそうである。セント・ローレンス川の流域に自らの名を冠した所領を有するジャックは、ヌーヴェル・フランスからアカディア、さらにそこからアンティル諸島に移動している。一六七九年にグレナダ総督、八〇年にマルティニク総督に任命され、この最後の任地で八七年に死去した。セント・ローレンス川流域に定着したル・モワーヌ一族は、ルイジアナの探検と開発を担った分家筋をもっており、おそらく、それは帝国的貴族家門の顕著な事例といってよいだろう。例を一つあげる。一七四七年に死去した一門のアントワーヌ・ル・モワーヌ・ド・シャトグアイは、一七〇三年にルイジアナで隊長になり、その後二七年にマルティニクのサン＝ピエール要塞の王代官、三七年にギアナのカイエンヌ総督、最後に四五年にロワイヤル島の総督になった。

一七二一年にカナダで生まれ、そこで経歴をスタートしたルイ・ルガルドゥール・ド・

ルペンティニーの場合、その地理的な多様性という点では群を抜いていた。彼はまずカナダの海軍の一部隊に入隊し、一七六二年、隊長になったときにサン＝ルイ勲章を授与されている。その後休止期間をへて、ロシュフォール・シュル・メール（一七七三年）、グアドループ（七五年）、マルティニク（八〇年）の連隊を指揮し、八三年にはセネガンビアのフランス植民地の総督となった。たしかにリゴー・ド・ヴォドルイユ家のように、同じような流動性を示す事例も容易に見つかるかもしれないが、ここではその輝かしい経歴の意味そのものが問題になる。つまりリゴーのような場合、フランスの支配空間の内部で錨を降ろすべき土地を次々に見出していく確かな意志があったというより、一人の人物（とくに独身男性）、もしくは、一つの家族のなかの複数の人物があちこち配属先を変えていくのである。

一七一〇年代にルイジアナにやってきた騎士ジャン・シャルル・ド・プラデル（一六九二〜一七六四）の生涯は、海を越えた貴族を一方で本国に、他方で帝国の諸地域に結びつける諸関係を探求するのに確かな導きとなるのではないか。彼の生涯は、まずユゼルシュに残った家族、とくに母親、さらにリムーザンの慣習に従って家産のほとんどを相続した長兄とのあいだで定期的に交わした書簡によって知ることができる。ジャン・シャルル・ド・プラデルは、ルイジアナですべての軍事的経歴を積んだ。最初に遠隔地のポストで下士官を務め、一七九二年以降ヌーヴェル・オルレアンに常駐するようになり、そこから植民地における社会階梯を昇っていった。書簡からわかるのは、彼が軍事奉仕をしつつ、同時に交易、居住地の開発、都市内の土地の獲得などをとおして、徐々に家産をつくりあげていくさまである。

彼の経歴は、本国と四重の結びつきをもっていた。まず一七三〇年代から四〇年代にかけてであるが、この時期は相対的に軍事奉仕に没入した度合いが低く、個人的な蓄財のほうに関心が向いており、長兄の経済的な支援を必要としていた。長兄は資金を送り、それはとくに奴隷の購入に使用されたが、ほかにも商品や労働者も送られてきた。次に、彼はつねに中央権力に依存していた。そしてこのように中央権力に依存するときには、いまだパトロンの庇護がものをいうアンシアン・レジーム期の行政システムにおいては、請願を通じて目的を達成するしかなかった。本国は子どもたち、つまりカンペルレの聖ウルスラ修道会に預けてきた三人の娘と、海軍にはいった息子シャルルの教育の場でもあった。彼はロシュフォールとトゥーロンで訓練を受け、一七五〇年代半ばにブレストに配属され、六四年一月にサン゠ドマングで死去した。この点で、騎士プラデルは海外に渡航したエリート層に属する大部分の家族の行動パータンに倣ったといえる。つまり彼らの子弟は、パリ北部にあるオラトリオ修道会のジュイイ学院やソレーズ王立士官学校（現在のタルン県）のような教育機関の生徒となることが多かった。

本国との結びつきを示す最後の点は、彼がパリの商人や地方の港から消費財、とくに奢《しゃ》侈《し》品を買い込んでいることである。したがって、彼が定期的に本国に出かけたのも当然であった。ジャン・シャルル・ド・プラデルは、サン＝ドマングとは取引のうえで密接な関係があった。彼はそこから生産物の一部を発送したが、他の植民地との関係はより散発的で、彼の書簡にはまず言及されることがない。比較的貧しい植民地に住んでいたプラデルは、仕事の片がつけば本国に戻ることをずっと考えていたようであるが、そこに生涯とどまることになった。

彼と同じくヌーヴェル・フランスと関係があるほとんどの貴族は地方に住む一方、島嶼部、とくにサン＝ドマングの貴族は、とりわけ結婚や相続によって大農園を手にする場合、本国に住んだ。これらの家族は、たしかに大西洋的ともいえる尺度で活動していたが、それは帝国的というよりも、植民地と本国の双方を軸とした二元的なものだった。しかも海を越えた貴族は、この点で大土地所有者、役人、大商人といった平民と比べた場合どのような特徴をもつのか、今後の研究を待たねばならない。

なお個人の移動を超えたレベルでいえば、大西洋のフランス植民地では貴族各家門の内部では持続的な循環の動きがみられる。なかでも三つの流れを確定することができる。まず最初は貴族をセント・ローレンス川流域からイリノイ郡と南ルイジアナへと導く流れで、きわめて重要である。いくつかの貴族家門はそこで姿を消す。ピエール・ガスパールはガスパール・アデマール・ド・ランタニャックの一人息子で、本国の当局筋への父の熱心な働きかけによって少尉のポストを確保したが、一七四六年九月に辞職した。一七三六年にチカソーの戦いで戦死したフランソワ・ルイ・マリオショー・デグリーには、ルイ・フィリップという兄弟が一人いただけである。ルイ・フィリップは司祭で、のちにケベック司教になる人物である。他方、グランプレのブシェ家、サン゠ドニのジュシュロー家、ヴィエールのクーロン家など完全にそこに定住した家族もある。第二の大きな流れは、小アンティル諸島にいた家族が、一七六〇年代以降の経済的テイクオフが起こってからサン゠ドマングに移動したことである。

最後の第三の動きは、サン゠クリストフ島のイギリスへの譲渡のような領土の変更に連動したものである。サン゠クリストフ島の場合、そこから貴族が一門を引き連れてマルティニクへ、またとりわけカナダへ移住していった。イギリスの征服によってフランスに戻った人びとについては近年、ロベール・ラランによって正確なかたちで明らかになった。この研究では、ある程度王権が住居を指定した場所、おもにトゥレーヌに定住した二〇〇人の氏素性が調べられた。とはいえ、カナダ出身の貴族のなかには、海外の専門家としての将来を思い描きながら、帝国の他の場所に赴いたり、配属されたりした者もいた。彼らカナダ貴族の多くが海軍に所属していた。一七六七年、イギリス当局はフランスに渡った七九名のカナダ貴族の調査目録を作成する。海外勤務は一二名である。そのうち三名がギアナ植民地の開発という不幸な試みにかかわり、そのほかはグアドループ、マルティニク、サン゠ドマング、ルイジアナ、フォークランド諸島、ブルボン島、さらにはゴレ島、ポンディシェリにまで分かれていった。

奴隷制と違って、貴族の問題は、近世のフランス大西洋社会の歴史の理解にとって最重要とはいえないかもしれない。いずれにしてもその影響は、長らく薄い靄のなかで見えなくなっていた。ただそれがセント・ローレンス川流域、ヴァン諸島、リーワード諸島の住民にとって実質的な意味をもたなかったわけではない。それより劣るとはいえ、ルイジアナ、イリノイ郡、ブルボン島、フランス島、ギアナにおいても意味があった。第一に、植民地の軍事行政の枠組み、そして民事行政の一部の枠組みの本質的部分を提供したのは、本国の貴族である。第二に、台頭する地域エリートが貴族の隊列に加わり、植民地、さらには本国において貴族として認められるべく努めている。叙任状による貴族は比較的少なかったが、王権からの複雑な承認のプロセスにはいる前に、平騎士や騎士の資格を誇示する権利があると地域の人びとに認めさせるのに成功した人びとはかなり多い。植民地の貴族が系図調査官の書類のうえでは大量にあらわれ、望んだ地位を得るという目的がしばしば達成されているという事実は、彼らがいかにフランス王国の第二身分に組み込まれていたかを教えてくれる。とはいえ、ある意味、彼らの独特な生活環境と植民地特有の行政機構が生み出す社会的特徴（たとえば、税制上の特権の欠如）こそが、貴族に対する新しい見方が先駆的にあらわれたことを説明するのである。

1 Jean-Baptiste Labat, *Voyage aux Isles*, édition établie et présentée par M. Le Bris, Paris, Phébus,1993, p.323. 初版は一七七二年。その後数度にわたり再版された。

2 ある特定の時期に植民地にいた貴族の人数を確定する試みは、今のところ無謀に等しい。一七六三年のサン゠ドマングに関する報告書によれば「カプには二〇〇人の貴族がおり、島の他の部分も同じ割合の貴族がいる」ということである（引用は以下を使用。Pierre de Vaissière, *Saint-Domingue: La société et* *la vie créoles sous l'ancien régime, 1629–1789*, Paris, Perrin, 1909. 出典は Archives Nationales, F3/164）。Lorraine Gadoury, *La noblesse de la Nouvelle-France: familles et alliances*, Québec, Éditions Hurtubise, 1992 によれば、一七六〇年代初頭にカナダにいた貴族はおよそ七五〇人である。カナダ貴族の定義については François-Josephe Ruggiu, "La noblesse du Canada aux XVIIe et XVIIIe siècles", *Histoire, Economie et Société*, n° 4, 2008 を参照。Valérie Garsany, "Le noble bourbonnais au XVIIIe siècle (1715–1789)", Mémoire de maîtrise, Université de la Réunion, 1995 は、一七一五年から八九年までブルボン島に住んだ一〇九名の貴族について調査している。

3 この問題については、F.-J. Ruggiu, 2008 を参照。

4 以下の研究ではさらに関心が深められている。Paul Butel, *Histoire des Antilles françaises, XVIe–XXe siècle*, Paris, Perrin, 2002, p.146–157; Liliane Chauleau, *Dans les îles du vent, la Martinique: XVIe–XIXe siècle*, Paris, L'Harmattan, 1993, p.87–89; Gérard Gabriel Marion, *L'administration des finances en Martinique, 1679–1790*, Paris, L'Harmattan, 2000, p.60–61; Armand Nicolas, *Histoire de la Martinique*, Paris, L'Harmattan, 1996, tome I, p.59, 176; Léo Elisabeth, *La société martiniquaise aux XVIIe et XVIIIe siècles, 1664–1789*, Paris, L'Harmattan, 2003; Lucien Abéron, *La Guadeloupe de 1671 à 1759. Étude politique, économique et sociale*, Paris, L'Harmattan, 2 vols, 1987, vol. I, p.35, 41–42 et vol. II, p.48. 英語圏においては、John F. Bosher, *The Canada Merchants, 1713–1763*, Oxford, Clarendon Press, 1987; Keneeth Banks, *Chasing Empire accross the Sea: Communications and the State in the French Atlantic, 1713–1763*, Montréal/Kingston/London/Ithaca, McGill-Queen's University Press, 2002; Sophie White, "'A baser commerce': Retailing, Class, and Gender in French Colonial New Orléans", *William and Mary Quarterly*,

3rd Ser., vol. 63, no. 3, p.517–550, 2006. 以下も参照。 Marcel Giraud, *Histoire de la Louisiane Française*, Paris, Presses Universitaires de France, 4 vols, 1953–74; *History of French Louisiana*, vol. 5, *The Company of the Indies, 1723–1731*, Bâton Rouge, Louisiana State University Press, 1991; Philip Boucher, *France and the American Tropics to 1700: Tropics of Discontent?*, Baltimore, Johns Hopkins University Press, 2008.

5 P. de Vaissière, 1909 の第二章は「サン＝ドマングのフランス貴族」と題されている(p.93–152)。また、ヌーヴェル・フランス、アンティル諸島、サン＝ドマングの植民者たちの系譜を、その出自である本国の貴族家門にたどろうとする研究者もいる。 Jacques de Cauna, *L'Eldorado des Aquitains. Gascons, Basques et Béarnais aux Iles d'Amérique (XVIe–XVIIe siècles)*, Bayonne, Atlantica, 1998; *Au temps des isles à sucre: Histoire d'une plantation de Saint-Domingue au XVIIe siècle*, Paris, Karthala, 2003; Gabriel Debien, *La société coloniale aux XVIe et XVIIIe siècles: Les colons de Saint-Domingue et la Révolution. Essai sur le Club Massiac (août 1789–août 1792)*, Paris, Librairie Armand Colin, 1953 をはじめとするガブリエル・デビアンの諸論考、雑誌 *Généalogie et Histoire de la Caraïbe* (http://www.ghcaraibe.org) などを参照。

6 Cécile Vidal, "The Reluctance of French Historians to Address Atlantic History", *The Southern Quarterly*, Spécial Issue: Imagining the Atlantic World, vol. 43, no. 4, 2006; "La nouvelle histoire atlantique en France: réticence et reconnaissance tardive", *Nuevo Mundo Mundos Nuevos*, Coloquios, 2008, mis en ligne le 24 septembre 2008, URL: http:// nuevomundo.revues.org/index42513.html; consulté le 14 décembre 2008 は近年、フランス人研究者が大西洋の歴史にあまり熱心に取り組んでこなかったことについて考察をおこなっている。 Sylvia Marzagalli, "The French Atlantic", *Itinerario*, vol. 23, no. 2, 1999; "L'histoire atlantique en Europe", *Nuevo Mundo Mundos Nuevos*, Coloquios, 2008, mis en ligne le 24 septembre 2008. URL:

http://nuevomundo.revues.org/index42463.html; consulté le 14 décembre 2008も参照。

7 本国および海外県のフランス人歴史家がこのテーマに正面から取り組んだ例ははなはだ少ない。アメリカ合衆国では活発な歴史学上の論争を引き起こしたが、カナダの歴史家はフランスの歴史家と同様この問題にあまり熱心ではなかった。Thierry Berthet, *Seigneurs et colons de Nouvelle-France: L'émergence d'une société distincte*, Cachan, Éditions de l'E.N.S., 1992, p.183– はその例外だが、以下の諸研究をみればわかるように、カナダのアイデンティティに関する研究は今日では非常にさかんにおこなわれているようである。Saliha Belmessous, "Être français en Nouvelle-France: Identité française et identité coloniale aux dix-septième et dix-huitième siècles", *French Historical Studies*, vol. 27, n° 3, 2004. また Christophe Horguelin, "Le XVIIIe siècle des Canadiens: discours public et identité", dans P. Joutard et T. Wien (éd.), *Mémoires de Nouvelle- France: De France en Nouvelle-France*, Presses Universitaires de Rennes, 2005も参照。

8 一七三〇年の段階では、ヌーヴェル・フランスには三万四七五三人余りのヨーロッパ人がいた。住民のなかでヨーロッパ人が占める割合は、それぞれマルティニクでは五万二六六六人中一万九五九一人、グアドループでは三万五四九六人中七四三三人、サン＝ドマングでは九二万二四五〇人中一万四四九人である(James Pritchard, *In Search of Empire: The French in the Americas, 1670–1730*, Cambridge University Press, 2004, pp.423, 454–455, 465)。

9 貴族身分をもたらす官職が第二身分の入替えにどれほど貢献したかについては、David D. Bien, "La réaction aristocratique avant 1789: L'exemple de l'armée", *Annales ESC*, vol. 29, n° 1 et n° 2, 1974, p.44–48, 505–515.

10 Emile Hayot, "Noblesse des îles: Les anoblis à la Martinique avant 1789", *Annales des Antilles*, 1965, p.15.

11 E. Hayot, 1965, p.17.

12 Bibliothèque Nationale de France (BNF), Chérin, 92 所収の一七七九年九月十六日付ヴェルジェンヌ宛書簡には次のようにある。「この家族は最高の法服貴族の家門の一つである。一四八三年以来門閥形成がおこなわれており、その存在を知られていた。前世紀半ば過ぎまではつねに法服貴族層や金融貴族層と姻戚関係を結んでいたが、その後、家系が分かれた。兄の家系はそのまま法服貴族にとどまったため士官を二人出しただけだったが、強力な姻戚関係をつくりあげた。弟の家系はロエアック伯として続いた。この覚書の主要なテーマとなるのはこの家系である。武器をとって戦争に行き、強力な姻戚関係をつくりあげた」。

13 サルティーヌのベルナール・シェランの書いた一七七九年十一月三十日付の書簡（BNF, Chérin, 100）には次のようにある。「ラグアリーグ家は一一年間、マルティニクの評定院に爵位を登録させるべく何度も試みてきた。その際、さまざまな種類の証拠資料が提出されたが、その結果、この一族に貴族身分はなく、貴族の出自でもなく、身分的標章も存在しないということになった。……そのため貴族身分承認のために提出できるものとしては、これまでの奉仕の数と重みが認められて授与された貴族叙任状しかなかった。実際この家系からは一七七三年の段階で一六名の士官がでており、そのうちの八名がサン＝ルイ騎士団に所属していた」。

14 たとえば、一七三三年、上席権争いに引き続いて、部隊の士官（もっともなかには貴族でない者もいた）と士官ではない貴族は、剣を帯びたまま裁判所に赴き、訴えを起こす権利を獲得した。植民地の行政官たちによれば、彼らはこの象徴的で貴重な特権が「爵位が高等評定院に登録されているか、それをその場で証明できる」貴族のみに与えられるよう王に求めた。CAOM, COL C C11A 59/fol.106–107v, a octobre 1733.

15 貴族は絞殺刑ではなく斬首刑に処せられる特権を保持していた(E. Hayot, 1965, p.21)。

16 Émilien Petit, *Droit public, ou Gouvernement des colonies françoises d'après les loix faites pour ces pays*, Paris, P. Gauthier, 1911, p.263 (article XVI).

17 本国における貴族の相続権の複雑さについては、Laurent Bourquin, "Partage noble et droit d'aînesse dans les coutumes du royaume de France à l'époque modern", dans *L'identité nobiliaire: Dix siècles de métamorphoses (IXe–XIXe siècles)*, Laboratoire d'Histoire Anthropologique du Mans, 1997 を参照。

18 L. Elisabeth, 2003, p.48.

19 A. F. J. Borel d'Hauterive, "Notice historique sur la noblesse française aux colonies suivie d'un recueil des familles maintenues par le conseil supérieur de la Guadeloupe", *Annuaire de la noblesse de France et des maisons souveraines de l'Europe*, Paris, Typographie de Henri Pion, 1866, p.419 には、「いかなる貴族叙任状、貴族身分確認状、貴族身分復活許可状、身分有効化免許状、貴族身分喪失状も、国務卿による登録手続き許可がおりる前に、ヴァン諸島の高等評定院で登録されてはならない」とした一七四四年十月二十六日の王の書状が引用されている。

20 CAOM, COL C11A 2/fol.355–359v. カナダの現状に関するジャン・タロンの覚書には、次のようにある(目録による日付は一六六七年)。「本来のあり方と異なり、この小さな団体は王の権威とあらゆる方面における王の利益を支えるにはあまりに重みに欠けているので、もっともふさわしく王権に好意的な人びとのなかから八名を選出してその数を増やせるように、昨年と同じく名前のところが白紙になっていればよいと思う」(L. Gadoury, 1992, p.27 を参照。なお同書の本文中では一六六九年、註では一六六七年の日付が記載されている)。彼はその後すぐ再度の要求をおこなっている。CAOM, COL C11A 3/fol.49–53. カナダに関するタロンの覚書(一六六九年)によれば「もし白紙の貴族叙任状を八通いただければ、その数の分だけ、陛下に格別の恩義を感じてその御利益にさらに強く結びつけられたささやかな団体をカナダにつくることができるのだが」。

21 É. Petit, 1911, p.263 (article XVI).「貴族のみから構成される団体を創設する。民兵隊において士官として奉仕した者たちを除き、彼らの身分は高等評定院に登録されるものとする。この団体の名称は陪臣団とする」。

22 「爵位の証明のときと同じく、パリに団体の証明書を届けて貴族身分を主張する者たちは、隊長と同様、前記の人頭税の免除を受けることができる」。M. L. E. Moreau de Saint-Méry, *Lois et constitutions des colonies françaises de l'Amérique sous le Vent*, 1784–1790, vol. I, p.215 による引用。一七〇五年四月二十九日の王令には、民兵隊の大佐は「島において貴族の特権を享受する」とある。

23 Christian Schnkenbourg, "La Guadeloupe au lendemain de la période anglaise d'après le mémoire du procureur-général Coquille (1763)", *Bulletin de la Société d'Histoire de la Guadeloupe*, n° 11–12, 1969, p.58. 貴族をめぐるさまざまな観念は、貴族身分を要求する書簡のなかに読み取ることができる。

24 グアドループの豊かなプランテーション農場主であり、一七七九年に貴族身分を獲得したアントワーヌ・メルシエも示しているように、貴族に関するより伝統的な観念は当然島々にも広まっていた。彼はおそらくダンジョー神父ルイ・ド・ルネシオンの手になる『紋章学原理』を所有していた(Danielle Bégot, "Une bibliothèque de colon en Guadeloupe à la fin du XVIIIe siècle: Antoine Mercier à La Ramée

(1781)”, dans A. Yacou (éd.), *Créoles de la Caraïbe*, Paris, Karthala, 1996)。

25 E. Hayot, 1965, p.25.

26 こうした当時の貴族をめぐる理論的考察については、近年アメリカの歴史家ジェイ・スミスがその道筋をたどっている。Jay M. Smith, *Nobility Reimagined: The Patriotic Nation in Eighteenth-Century France*, Ithaca, Cornell University Press, 2005.

27 Olivier Ihl, “Gouverner par les honneurs. Distinctions honorifiques et économie politique dans l'Europe du début du XIXe siècle”, *Genèses*, n° 55, 2004; *Le Mérite et la République: Essai sur la société des émules*, Paris, Gallimard, 2007 は、十八世紀末以来「国家の名誉標章の管理」が知的なレベルでいかに形成されたのかを追っているが、十八世紀初頭以来のフランスでの貴族叙任状の交付理由の変化のなかにそれをたどることは可能だろうか。

28 Guillaume Aubert, “‘The Blood of France’: Race and Purity of Blood in the French Atlantic World”, *William and Mary Quarterly*, vol. 61, no. 3, 2000; F.-J. Ruggiu, *Les élites et les villes moyennes en France et en Angleterre (XVIe–XVIIe siècles)*, Paris, L'Harmattan, 1997, p.167–168.

29 ただこの方面での研究も大幅に増えてきている。Carl Brasseaux, *France's Forgotten Légion: A CD-ROM Publication: Service Records of French Miliitary and Administrative Personnel Stationed in the Mississippi Valley and Gulf Coast Région, 1699–1769*, Bâton Rouge, Louisiana State University Press, 2000 をはじめとして、サン゠ドマングに関する最近の学位論文である Zélie Navarro-Andraud, “Les élites urbaines de Saint-Domingue dans la seconde moitié du XVIIIe siècle: Le rôle des administrateurs coloniaux”, Thèse de doctorat, Université de Toulouse II-Le Mirail, 2007, p.418–421. ギアナに関する

Céline Ronsseray, "'Administrer Cayenne': Sociabilités, fidélités et pouvoirs des fonctionnaires coloniaux en Guyane française au XVIIIe siècle", Thèse de doctorat, Université de La Rochelle, 2007, ルイジアナ、またはフランス植民地帝国の全域において行政文書に携わった役人層については、以下を参照。Alexandre Dubé, Les biens publics, *Culture politique de la Louisiane française, 1730–1770*, thèse, Université McGill, sous la direction de Cathérine Desbarats, 2010; Céline Mélisson, "Procurer la paix, le repos et l'abondance", *Les officiers de Plum de l'Amérique française, entre 1669 et 1765*, doctorat nouveau régime, Université de Tour, sous la direction de Michel Verger-Franceschi, 2012.

竹下和亮 訳

南塚信吾，秋田茂，高澤紀恵編『新しく学ぶ西洋の歴史』ミネルヴァ書房　2016
アンソニー・リード（平野秀秋・田中優子訳）『大航海時代の東南アジア』（全２巻）　法政大学出版局　1997・2002
歴史学研究会編『他者との遭遇』（南北アメリカの500年　１）青木書店　1992

2013
吉田伸之『成熟する江戸』講談社学術文庫　2009
吉田伸之『伝統都市・江戸』東京大学出版会　2012
吉田伸之『都市』岩波新書　2015

阿河雄二郎「ルイ十四世時代の「貴族改め」の意味」(服部春彦，谷川稔編『フランス史からの問い』山川出版社　2000)
秋田茂，桃木至朗『グローバルヒストリーと帝国』大阪大学出版会　2013
飯塚浩二『ヨーロッパ・対・非ヨーロッパ』岩波書店　1971
エリック・ウィリアムズ(川北稔訳)『コロンブスからカストロまで』(全2巻)　岩波現代文庫　2014
今福龍太『クレオール主義』ちくま学芸文庫　2003
ジョン・H・エリオット(越智武臣・川北稔訳)『旧世界と新世界』岩波書店　1979
パミラ・カイル・カロスリー(佐藤彰一訳)『グローバル・ヒストリーとは何か』岩波書店　2012
川出良枝『貴族の徳，商業の精神』東京大学出版会　1996
木村和男編『カナダ史』(新版世界各国史23)　山川出版社　1999
エドゥアール・グリッサン(小野正嗣訳)『多様なるものの詩学序説』以文社　2007
『思想(特集　グローバル・ヒストリー)』937号　2002
ロベール・デシモン(林田伸一訳)「貴族は「種族」か社会関係か？」(『思想』959号，2004所収)
深沢克己『海港と文明』山川出版社　2002
『フランスとアメリカ大陸１　カルチエ，テヴェ』(大航海時代叢書第Ⅱ期19)　岩波書店　1982
『フランスとアメリカ大陸２　レリー，ロードニエール，ル・シャルー』(大航海時代叢書第Ⅱ期20)　岩波書店　1987
バーナード・ベイリン(和田光弘・森丈夫訳)『アトランティック・ヒストリー』名古屋大学出版会　2007
前川和也編『空間と移動の社会史』ミネルヴァ書房　2009
水島司『グローバル・ヒストリー入門』山川出版社　2010
水島司編『グローバル・ヒストリーの挑戦』山川出版社　2008

『シリーズ　身分的周縁と近世社会』(全９巻)　吉川弘文館　2006〜08
高澤紀恵『近世パリに生きる』岩波書店　2008
高澤紀恵，吉田伸之，アラン・ティレ編『別冊都市史研究　パリと江戸』山川出版社　2009
高澤紀恵，吉田伸之，フランソワ＝ジョゼフ・ルッジウ，ギヨーム・カレ編『別冊都市史研究　伝統都市を比較する』山川出版社　2011
田中秀夫，山脇直司編『共和主義の思想空間』名古屋大学出版会　2006
ロバート・A・ダール(河村望・高橋和宏訳)『統治するのは誰か』行人社　1988
ロバート・A・ダール(高畠通敏・前田脩訳)『ポリアーキー』岩波文庫　2014
塚田孝『身分論から歴史学を考える』校倉書房　2000
塚田孝『近世身分社会の捉え方』部落問題研究所　2010
永井敦子『16世紀ルーアンにおける祝祭と治安行政』論創社　2011
中野隆生編『都市空間の社会史』山川出版社　2004
中野隆生編『都市空間と民衆』山川出版社　2006
中野忠『前工業化ヨーロッパの都市と農村』成文堂　2000
二宮宏之，樺山紘一，福井憲彦編『アナール論文選４　都市空間の解剖』藤原書店　2011
ユルゲン・ハーバーマス(細谷貞雄・山田正行訳)『公共性の構造転換』未来社　1994
林田伸一「フランス絶対王政下の都市自治権」『史学雑誌』87-11　1978
ミシェル・フーコー(田村俶訳)『監獄の誕生』新潮社　1977
ジョン・ブルーア(近藤和彦編)『スキャンダルと公共圏』山川出版社　2006
ジョン・G・A・ポーコック(田中秀夫訳)『徳・商業・歴史』みすず書房　1993
ジョン・G・A・ポーコック(田中秀夫・奥田敬・森岡邦泰訳)『マキァヴェリアン・モーメント』名古屋大学出版会　2008
ジョン・G・A・ポーコック(犬塚元監訳，安藤裕介・石川敬史・片山文雄・古城毅・中村逸春訳)『島々の発見』名古屋大学出版会

読者のための参考文献

ウィリアム・ドイル(福井憲彦訳)『アンシャン・レジーム』岩波書店 2004
アレクシス・ド・トクヴィル(小山勉訳)『旧体制と大革命』ちくま学芸文庫 1998
成瀬治『大世界史13 朕は国家なり』文藝春秋 1968
成瀬治『近代ヨーロッパへの道』講談社学術文庫 2011
二宮宏之『フランス アンシアン・レジーム論』岩波書店 2007
二宮宏之編『結びあうかたち』山川出版社 1995
二宮宏之，阿河雄二郎編『アンシアン・レジームの国家と社会』山川出版社 2003

朝尾直弘『都市と近世社会を考える』朝日新聞社 1995
イギリス都市・農村共同体研究会編『巨大都市ロンドンの勃興』刀水書房 1999
鵜川馨，ジェイムス・L・マックレイン，ジョン・M・メリマン編『江戸とパリ』岩田書院 1995
ジョイス・M・エリス(松塚俊三・小西恵美・三時眞貴子訳)『長い18世紀のイギリス都市』法政大学出版局 2008
河原温『都市の創造力』岩波書店 2009
喜安朗『近代フランス民衆の〈個と共同性〉』平凡社 1994
喜安朗『パリの聖月曜日』岩波現代文庫 2008
喜安朗『パリ』岩波新書 2009
ペネロピ・J・コーフィールド(坂巻清・松塚俊三訳)『イギリス都市の衝撃』三嶺書房 1989
小山啓子『フランス・ルネサンス王政と都市社会』九州大学出版会 2006
近藤和彦編『長い18世紀のイギリス』山川出版社 2002
近藤和彦，伊藤毅編『別冊都市史研究 江戸とロンドン』山川出版社 2007
坂巻清『イギリス近世の国家と都市』山川出版社 2016
『思想(特集 交差する日本近世史)』1084号 2014
『シリーズ 近世の身分的周縁』(全6巻) 吉川弘文館 2000

"L'écriture de l'espace social dans les écrits personnes", *Etudes de Lettres*, «Appel à témoins. Écrits personnels et pratiques socioculturelles (XVIe–XXe s.) » vol. 300, 2016.
"Colonies, monarchy, empire and the French *ancien régime*", in R. Aldrich and C. McCreery (dir.), *Crowns and colonies. European monarchies and overseas empires*, Manchester, Manchester University Press, 2016.
"La circulacíon de los oficios en Charleville: Familia y trabajo en los siglos XVIII y XIX", avec C. Alexandre, *Revista de Historia moderna, Anales de la Universidad de Alicante*, 34, Universidad de Alicante, 2016.

dans I. Luciani et V. Piétri (éd.), *Ecriture, récits, trouble(s) de soi: Perspectives historiques: France XVIe–XXe siècle*, Aix-en-Provence, PUP, 2012.

"Le destin de la noblesse du Canada, de l'Empire français à l'Empire britannique", *Revue d'histoire de l'Amérique française*, vol. 66, n° 1, 2012.

"Elites", in T. Burnard (ed.), *Oxford Bibliographies in Atlantic History*, New York, Oxford University Press, 2012.

"Falling into Oblivion? Canada and the French Monarchy, 1759–1783", in Ph. Buckner and J. A. Reid (eds.), *Revisiting 1759: The Conquest of Canada in Historical Perspective*, University of Toronto Press, 2012. article traduit en français dans B. Fonck et L. Veyssière (dir.), *La fin de la Nouvelle-France*, Paris, Armand Colin, Ministère de la Défense, 2013.

"La population de Charleville de la fin du XVIIe siècle à la fin du XIXe siècle", avec C. Rathier, *Histoire & Mesure*, vol. 28, n° 2, 2013, «Démographie historique, nouveau terrain».

The Uses of First-Person Writings: Africa, America, Asia, Europe, (dir.), Berne, Peter Lang, 2013.

"Cultures et pratiques généalogiques des élites anglaises (XVIe–XIXe siècle)", avec S. Jettot, dans O. Rouchon (dir.), *L'opération généalogique*, Rennes, Presses Universitaires de Rennes, 2014.

「身分概念と新しい社会史――アンシアン・レジーム期のフランスと江戸時代の日本」(竹下和亮訳)『思想(特集　交差する日本近世史)』岩波書店，1084号，2014

"Los escritos del *for privé*: Un concepto y su internacionalizacion", in O. Jané i P. Poujade (eds.), *Mémoria Personal, Construcccio i projeccio en primera persona a l'època moderna*, Madrid, Casa de Velazquez, 2015.

Les écrits du for privé en France de la fin du Moyen Age à 1914, avec J.-P. Bardet (dir.), Paris, Editions du CTHS, 2015.

「フランスにおける都市意識，都市体験，アイデンティティ」(加太康孝・舟橋倫子訳，坂野正則校閲)，渡辺浩一，ヴァネッサ・ハーディング編『自己語りと記憶の比較都市史』勉誠出版，2015

Nouveau Monde", *Outre-Mers*, t. 97, 2009. ［本書掲載］
"L'histoire urbaine en France dans Les années 2000", *Città e Storia*, V, 2010.
"Histoire de la parenté ou anthropologie historique de la parenté? Autour de kinship in Europe", *Annales de démographie historique*, n° 1, 2010.
Car c'est moy que je peins: Ecritures de soi, individu et liens sociaux (Europe, XVe–XXe siècle), avec S. Mouysset et J.-P. Bardet (dir.), CNRS-Université de Toulouse-Le Mirail, collection «Méridiennes», 2011.
Regards croisés sur les recherches actuelles en histoire urbaine: France, Belgique, Pays-Bas, fin du Moyen Âge–19e siècle, actes du colloque organisé par la Société Française d'Histoire Urbaine et les Archives de la Ville de Bruxelles, 28–29 janvier 2010, avec C. Denys et J. Houssiau (éd.), *Cahiers Bruxellois*, 2011–12.
"Defining Public and Qrivate Papers in England: The Work of the *Historical Manuscripts Commission* and of the *National Register of Archives*", dans *Du papier à l'archive, du privé au public: France et îles Britanniques, deux mémoires*, actes du colloque franco-britannique, Londres (*Institute of Historical Research*) et Oxford (Maison française d'Oxford), 1er et 2 octobre 2004, Paris, Publications de la Sorbonne, 2011.
"Les systèmes successoraux de l'Ancien au Nouveau Monde", dans J. Contreras (éd.), *Familias, poderes, instituciones y conflictos*, Murcie, Universidad de Murcia-Servicio de Publicaciones, 2011.
"Familles en situation coloniale", avec V. Gourdon, *Annales de Démographie Historique*, 2011–12.
「18世紀シャルルヴィル住民」(竹下和亮訳)『別冊都市史研究　伝統都市を比較する』山川出版社，2011
「近世ヨーロッパにおける工業化以前の都市」(竹下和亮訳)『別冊都市史研究　伝統都市を比較する』山川出版社，2011
「君侯の都市」(竹下和亮訳)『飯田市歴史研究所年報』南信州新聞出版局，2011
"Une voix à soi? Autour du diaire de Michel Chartier de Lotbinière",

CCCXV/1, janvier 2006.

"Pour une étude de l'engagement civique au XVIIIe siècle", *Histoire Urbaine*, n° 19, août 2007.［本書掲載］

L'individu et la famille dans les sociétés urbaines anglaise et française au XVIIIe siècle, Paris, PUPS, 2007.

"L'identité bourgeoise en milieu urbain à travers les demandes d'exemptions de la garde à Amiens au XVIIIe siècle", dans J.-P. Poussou et I. Robin-Romero (dir.), *Histoire des familles, de la démographie et des comportements*, Paris, PUPS, 2007.

L'individu et la famille dans les sociétés urbaines anglaise et française au XVIIIe siècle, Paris, PUPS, 2007.

Histoire des îles Britanniques, avec F. Bensimon, F. Lachaud et S. Lebecq, Paris, PUF, 2007.

"Les logiques résidentielles des élites dans les villes de province françaises de la fin du XVIIe siècle à la fin de l'Ancien Régime", dans J. Dunne et P. Janssens (éd.), *Living in the City: Elites and their residences, 1500–1900*, Turnhout, Brepols, 2008.〔竹下和亮訳「一八世紀フランス都市エリートの居住戦略」『年報都市史研究　遊廓社会』山川出版社，17号，2010〕

"Extraction, Wealth and Industry: The Ideas of Noblesse and of Gentility in the English and French Atlantics (17th–18th Centuries)", *History of European Ideas*, 34, 2008.

"La noblesse du Canada aux XVIIe et XVIIIe siècles", *Histoire, Economie et Société*, n° 4, 2008.

"Les affrontements religieux en Angleterre et dans les îles Britanniques dans la première moitié du XVIIe siècle: un essai historiographique", dans *Les affrontements religieux en Europe (1500–1650)*, Paris, PUPS, 2009.

"A Way Out of the Crisis: Methodologies of Early Modern Social History in France", *Cultural and Social History*, vol. 6, no. 1, 2009.

「18世紀パリの社会史を書く」(竹下和亮訳)，高澤紀恵，吉田伸之，アラン・ティレ編『別冊都市史研究　パリと江戸』山川出版社，2009

"Une noblesse atlantique? Le second ordre français de l'Ancien au

フランソワ＝ジョゼフ・ルッジウ主要著作

"Historiographie des villes anglaises (1660–1780)", dans J.-L. Biget et J.-C. Hervé (dir.), *Panoramas urbains: situation de l'histoire des villes*, Fontenay-aux-Roses, E.N.S. Editions, 1995.

Les élites et les villes moyennes en France et en Angleterre (XVIIe–XVIIIe siècles), Paris, L'Harmattan, 1997.

"La gentry anglaise: un essai de définition au tournant des XVIIe et XVIIIe siècles", *XVIIe siècle*, n° 197, octobre-décembre 1997.

L'Angleterre des Tudors aux premiers Stuarts, Collection Campus, Paris, Sedes, 1998.

"Les mots pour le dire: ménages et familles à Laon au début du XVIIIe siècle", *Annales de Démographie Historique*, 1998.

"Réseaux et mobilités à Paris au milieu du XVIIe siècle", avec S. Beauvalet et V. Gourdon, *Histoire, Economie et Société*, n° 4, octobre-décembre 1998.

"Tel père, quel fils? La reproduction professionnelle dans la marchandise et l'artisanat parisiens au cours des années 1650 et 1660", *Histoire, Economie et Société*, n° 4, octobre-décembre 1998.

"*O fortunatos nimium, sua si bona norint, agricolas!* ou le journal d'un gentilhomme campagnard au début du XVIIIe siècle", dans J-P. Bardet, D. Dinet, J.-P. Poussou et M.-C. Vignal (dir.), *État et société en France aux XVIIe et XVIIIe siècles, Mélanges offerts à Yves Durand*, Paris, PUPS, 2000.

"The Urban Gentry in England, 1660–1780: A French Approach", *Historical Research*, vol. 74, no. 185, August 2001.

"Autres sources, autre histoire? Faire l'histoire des individus des XVIIe et XVIIIe siècles en Angleterre et en France", *Revue de Synthèse*, t. 125, 5ème série, 2004.

"Los escritos del ámbito privado en Francia: orígenes científicos, objetivos y funcionamiento de un grupo de investigación", avec J.-P. Bardet, *Cultura Escrita & Sociedad* , n° 1, 2005.

"Westminster, nécropole royale ou la disparition des trois corps du roi (début du XVIIe siècle-début du XIXe siècle)", *Revue Historique*,

©CNRS. Elodie Morel

フランソワ＝ジョゼフ・ルッジウ
(François-Joseph Ruggiu)

1966年，ボルドーに生まれる
1986-91年，高等師範学校在籍
1989年，大学教授資格取得
1995年，パリ第四大学(ソルボンヌ)にて博士号取得
1996-2003年，パリ第四大学准教授
2002年，研究指導学位取得
2003-08年，ボルドー第三大学(ミシェル・ド・モンテーニュ)教授
2008年-，パリ第四大学教授

高澤紀恵　たかざわ のりえ(編訳者)
1955年生まれ。国際基督教大学教授
主要著書：『近世パリに生きる——ソシアビリテと秩序』(岩波書店 2008)，『パリと江戸——伝統都市の比較史へ』(共編著，山川出版社 2008)，『伝統都市を比較する——飯田とシャルルヴィル』(共編著，山川出版社 2011)，『新しく学ぶ西洋の歴史——アジアから考える』(共編著，ミネルヴァ書房 2016)

竹下和亮　たけした かずあき(編訳者)
1972年生まれ。国際基督教大学アジア文化研究所準研究員
主要論文：「16世紀宗教論争の言語的脈絡」(アジア・カルヴァン学会日本支部編，久米あつみ監修『新たな一歩を——カルヴァン生誕500年記念論集』キリスト新聞社 2009)，「カルヴァンの語彙」(『アジア文化研究』38号 2012)

YAMAKAWA LECTURES
9

都市《とし》・身分《みぶん》・新世界《しんせかい》

2016年11月10日　第1版1刷　印刷
2016年11月20日　第1版1刷　発行

著者　フランソワ＝ジョゼフ・ルッジウ
編者　高澤紀恵《たかざわのりえ》・竹下和亮《たけしたかずあき》

発行者　野澤伸平

発行所　株式会社山川出版社
〒101-0047 東京都千代田区内神田1-13-13
電話03(3293)8131(営業)8134(編集)
https://www.yamakawa.co.jp/
振替00120-9-43993

印刷所　明和印刷株式会社

製本所　株式会社ブロケード
装幀　菊地信義

Printed in Japan ISBN978-4-634-47509-0